सेल्फ हीलिंग कैफे

सेल्फ हीलिंग कैफे

रजनी हिनल खुबचंदानी

Available on amazonkindle

Worldwide Published by

Pendown Press
PREMIUM BUSINESS PUBLISHER

PENDOWN PRESS LLP

An ISO 9001 & ISO 14001 Certified Co.,

Regd. Office: 3767A, Kanhaiya Nagar,

Tri Nagar, Delhi-110035

Ph.: 8130886000, 9650072927, 8595249536

E-mail: info@pendownpress.com

Branch Office: 1A/2A, 20, Hari Sadan, Ansari Road,

Daryaganj, New Delhi-110002

Ph.: 011-45794768

Website: PendownPress.com

Edition: 2025

Price: ₹ 299

ISBN: 978-93-7217-908-8

Layout and Cover Designed by Pendown Graphics Team

विषय-सूची

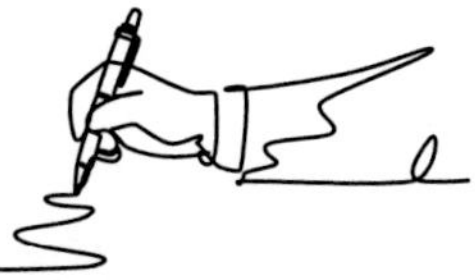

लेखिका के बारे में

रजनी हिनल खुबचंदानी एक आत्मिक हीलर, प्रेरक वक्ता, न्यूमरोलॉजिस्ट और लाइफ कोच हैं, जो लोगों को सिर्फ़ रास्ता नहीं दिखातीं, बल्कि उन्हें अपने भीतर लौटने की दिशा देती हैं।

उनका विश्वास है कि हर आत्मा में प्रकाश है, बस उसे जगाने की ज़रूरत है।

रजनी अपने शब्दों की कोमलता, ऊर्जावान उपस्थिति और अनुभवों की गहराई से असंख्य जीवन को स्पर्श कर चुकी हैं।

कभी उन्होंने किसी के टूटे मन को थामा, कभी किसी की खामोश पीड़ा को सुना और कभी किसी थकी आत्मा को फिर से जीवन से प्यार करना सिखाया।

उनकी हीलिंग सिर्फ़ एक प्रक्रिया नहीं, बल्कि प्रेम, स्वीकार और आत्म-स्पर्श की दिव्य यात्रा है, जहाँ दर्द भी सम्मान पाता है और मौन भी अपना अर्थ खोज लेता है।

सेल्फ हीलिंग कैफे उसी यात्रा की सुगंध है, एक ऐसी जगह जहाँ हर पाठक खुद से मिलने, खुद को समझने और खुद को अपनाने की प्रेरणा पाएगा।

रजनी का संदेश गहराई से दिल को छू जाता है —

“हीलिंग तब होती है, जब हम अपने दर्द से भागना छोड़ देते हैं और उसे प्रेम से गले लगाना सीख जाते हैं।

जब हम खुद को समझते, माफ़ करते और स्वीकारते हैं, तभी भीतर की शांति खामोशी से खिलने लगती है।"

उनका मिशन है: हर हृदय और मन तक यह संदेश पहुँचाना कि हीलिंग कोई साधना नहीं, बल्कि जीवन जीने का सबसे सुंदर तरीका है।

और शायद यही वजह है कि जो भी व्यक्ति उनसे मिलता है, थोड़ा हल्का महसूस करते हुए, थोड़ा सँभलते हुए, थोड़ा मुस्कुराते हुए लौटता है।

सराहना संदेश

यह किताब मेरी प्यारी, सुन्दर बेटी की रचना है, जिसे बचपन से लिखने का बहुत शौक रहा है। इस पुस्तक की कहानियाँ ज्ञान और सीख से भरी हैं, जो मन को हल्का और जीवन को सरल एवं सुंदर बनाती हैं। बेटी को ढेर सारा प्यार और शुभाशीष।

– लेखिका के पिताश्री, गिरधरदास भट्टड़ –

मेरी बिटिया ने हर मुश्किल को हिम्मत और मुस्कान से जीता है। लिखने की कला उसकी पहचान है और इस पुस्तक में उसके सच्चे विचार झलकते हैं। प्रभु से यही प्रार्थना है यह पुस्तक सभी को नई राह दिखाए। हार्दिक बधाई।

– लेखिका की माता जी, पुष्पादेवी भट्टड़ –

मेरे लिए रजनी (हिनल) को साधिका, हीलर और अब लेखिका के रूप में देखना गर्व की बात है। 'सेल्फ हीलिंग कैफे' उसकी आत्मिक साधना का सुंदर परिणाम है, जो मन को स्थिरता और जीवन को नया अर्थ देती है। मेरी शुभकामनाएँ कि यह पुस्तक अनेक हृदयों को प्रकाश दे।

लेखिका की गुरु माँ, नारी रत्न

– श्रीमती राजेश्वरी जी मोदी (राज दीदी) –

अपनी हमसफ़र रजनी (हिनल) को लिखते हुए और दूसरों के जीवन में रोशनी भरते देखना मेरे लिए गर्व का क्षण है। 'सेल्फ हीलिंग कैफे' उनकी करुणा, प्रेम और समर्पण का प्रतिबिंब है। मुझे विश्वास है कि यह पुस्तक अनेक दिलों को सुकून देगी। मेरा विश्वास और शुभकामनाएँ सदा उनके संग हैं।

– लेखिका के जीवनसाथी, अनिल खुबचंदानी –

'सेल्फ हीलिंग कैफे' केवल पढ़ने नहीं, आत्मसात करने योग्य कृति है। रजनी जी ने हीलिंग को सृजनात्मक यात्रा के रूप में प्रस्तुत किया है, जो व्यक्ति को उसकी आंतरिक शक्ति से जोड़ती है। एक शिक्षाविद एवं शैक्षणिक प्रशासक होने के नाते, मैं इस पुस्तक में वह गहराई और संवेदनशीलता देखता हूँ, जो आज की पीढ़ी के लिए अत्यंत आवश्यक है। इस सुंदर लेखन के लिए रजनी जी को मेरी हार्दिक बधाई, एवं शुभकामनाएँ।

– अरविंद चौबे, निदेशक, NIT दुर्गापुर –

यह पुस्तक आत्मिक ठहराव और भीतर लौटने का निमंत्रण है। रजनी की लेखनी भावनाओं को इतनी सहजता से पिरोती है कि हर अध्याय मन को शांति और सुरक्षा का एहसास कराता है। हॉस्पिटैलिटी उद्योग से होने के नाते, यह दृष्टि मुझे गहराई से जोड़ती है।

यह कृति अनेक जीवनों में प्रकाश और संतुलन लाए, यही मेरी शुभकामना है।

सीईओ, दक्षिण एशिया क्षेत्र, एकॉर (Accor)

– रंजू झा एलेक्स –

आभार

"सेल्फ हीलिंग कैफे" सिर्फ एक किताब नहीं, मेरे दिल की यात्रा है। इसे लिखने में जिन लोगों का प्रेम, साथ और सच्चाई मेरे साथ रही, मैं उन सभी को हृदय से धन्यवाद देती हूँ।

माता-पिता और सासु माँ के प्रति कृतज्ञता

सबसे पहले, मैं अपने माता-पिता के चरणों में कृतज्ञता अर्पित करती हूँ। आप दोनों ने मुझे जीवन दिया; आपके संस्कार ही मेरी जड़ों की शक्ति हैं।

सासु माँ के चरणों में नमन - आपकी दुआएँ मेरे हर कदम को संभाले रखती हैं और मुझे भीतर से सुरक्षित महसूस करवाती हैं।

गुरु के प्रति श्रद्धा

अपनी गुरु माँ, **राज दीदी** को हृदय से नमन –

आपने मुझे भीतर की रोशनी से मिलाया। आपकी शिक्षा, सानिध्य और मार्गदर्शन ने न सिर्फ़ मेरा जीवन बदला, बल्कि मेरे पूरे अस्तित्व को नई दिशा दी।

मेरी हीलिंग और मेरी समझ, दोनों को इतनी गहराई देने के लिए असीम धन्यवाद।

जीवनसाथी और बच्चों का प्रेम व सहयोग

मैं अपने जीवनसाथी और बच्चों की दिल की गहराई से आभारी हूँ, जिन्होंने मेरे सपनों को सिर्फ़ सुना नहीं, बल्कि उन्हें अपनाया भी।

मेरी देर रात की लिखाई, मेरी भावनाओं, मेरे बदलते मूड... आप लोगों ने बिना बोले ही समझा और मुझे वैसे ही स्वीकार किया। आपका बेशर्त प्यार व समर्थन ही वह आधार है जिस पर यह पूरी पुस्तक खड़ी है।

मेरी भाभी - मेरी आत्मीय साथी

मेरी भाभी, जो खुद एक लेखिका हैं, आपने हमेशा मुझे लिखने की हिम्मत और प्रोत्साहन दिया।

मेरा पूरा परिवार

आप सबका साथ, आपकी हिम्मत और आपकी छोटी-बड़ी बातें... मेरे लिए बेहद कीमती हैं। हर रिश्ते ने इस किताब में अपना कीमती सहयोग दिया है।

उन सभी को धन्यवाद जिन्होंने अपने सच मुझसे साझा किए

आप लोगों ने अपने सच मेरे साथ बाँटे, आपकी कहानियाँ, आपका साहस और आपकी भावनाएँ, मेरे लिए गहरी सीख बनकर आईं। आपने मुझे अनुभव कराया कि हीलिंग तब शुरू होती है, जब कोई दिल से सुनता है। यह पुस्तक उतनी ही आपकी है जितनी मेरी।

श्री दिनेश वर्मा जी और पेनडाउन प्रेस की पूरी टीम के नाम

आपकी देखभाल, समर्पण और बारीकियों पर ध्यान ने, इस पुस्तक को उसका अंतिम और सुंदर रूप देने में महत्वपूर्ण भूमिका निभाई है। मेरे शब्दों को जिस स्नेह और जिम्मेदारी के साथ आपने संभाला, उसके लिए हृदय से धन्यवाद।

मेरे प्रिय पाठकों के लिए

अगर इस किताब का कोई भी शब्द आपके दिल को ज़रा-सा भी सुकून

दे सके, थोड़ी-सी उम्मीद लौटा सके या आपके किसी पुराने ज़ख्म पर हल्की-सी गर्माहट रख सके, तो मैं समझूंगी कि इस पुस्तक का उद्देश्य सफल हुआ। आपका समय, आपकी भावनाएँ और आपकी हीलिंग यात्रा, मेरे लिए शब्दों से कहीं अधिक मूल्यवान हैं।

आप सभी मेरे लिए बेहद खास हैं।

और अंत में, लेकिन सबसे महत्वपूर्ण...

ईश्वर और ब्रह्मांड के प्रति कृतज्ञता

'सेल्फ हीलिंग कैफे' ईश्वर की कृपा और मार्गदर्शन से ही जन्मी है।

मैं ईश्वर और ब्रह्मांड का असीम, असीम, असीम धन्यवाद करती हूँ, जिन्होंने मुझे वह शक्ति और सामर्थ्य दिया, जिससे मेरे शब्दों को उद्देश्य मिला और इस पुस्तक को दूसरों के लिए प्रकाश बनने का आशीर्वाद प्राप्त हुआ।

प्रस्तावना

सेल्फ हीलिंग कैफे (Self Healing Cafe)

एक दरवाज़ा... जो आपको ढूंढ लेता है|

कहते हैं, कहीं एक छोटा-सा कैफे है, जो किसी नक्शे पर नहीं मिलता,

ना गूगल पर, ना किसी से रास्ता पूछने पर|

और उसकी सबसे अनोखी बात?

उसका दरवाज़ा तभी खुलता है, जब आपका दिल सच में थक जाता है|

जब मन की पीड़ा इतनी गहरी हो जाती है कि शब्द भी छोटे पड़ जाते हैं।

जब दिल में तूफ़ान चल रहा हो, लेकिन फिर भी चेहरे पर मुस्कान रखनी होती है|

लोग पूछते हैं, “सब ठीक है?”

और हम बस हल्के से सिर हिला देते हैं... क्योंकि समझाने की ताकत ही नहीं बचती|

अगर आपने भी कभी ऐसा महसूस किया है, तो यह किताब आपके लिए है।

कैफे: एक जगह नहीं, एक एहसास

सेल्फ हीलिंग कैफे कोई जगह नहीं,

यह एक अनुभव है।

एक ऐसा एहसास,

जहाँ आपको किसी की कसौटी पर ख़रा नहीं उतरना पड़ता।

जहां न कोई आपसे सवाल पूछता है और

ना कोई जवाब माँगता है।

बस आप होते हैं... और आपके सामने एक कप गरम चाय — जिसकी भाप के साथ कई दर्द पिघल जाते हैं।

कई शब्द खो जाते हैं,

तो कई चुपचाप मन में उतर जाते हैं।

किसी को यह कैफे अनजानी गलियों में दिखाई देता है,

किसी को बरसात की रात में पानी की बूंदों में इसकी झलक मिलती है

और कई लोग इसे अचानक... अपनी ही बोझिल आँखों में पा लेते हैं।

दरवाज़े के ऊपर बस एक साधारण-सा बोर्ड जिसपर लिखा होता है: "सेल्फ हीलिंग कैफे"

न कोई होहल्ला,

न कोई चमक,

बस एक शांत, नरम ऊष्मा जो आपको ऐसे गले लगाती है,

जैसे कोई अपना कह रहा हो, "आ गए! अच्छा किया।"

अंदर कोई मेन्यू नहीं होता |

यहाँ वो मिलता है, जिसकी आपकी आत्मा को जरूरत होती है, ना कि जो आप मांगते हो|

एक कप साहस, माफी का मीठा टुकड़ा या धीरे-धीरे घुलती शांति की

एक चुस्की|

यहां हर पन्ना एक कुर्सी है|

आप बैठिए,

आप रुकिए,

आप सुनिए,

खुद को|

कभी कोई कहानी आपकी खुद की लगेगी,

कभी कोई शब्द ऐसा होगा जो आपकी आंखें भिगो देगा,

कभी कोई वाक्य धीरे से आपके कंधे पर हाथ रखेगा और कहेगा...

"सब ठीक हो जाएगा|"

कैफे के मालिक के बारे में...

मालिक कौन है?

कोई नहीं जानता|

किसी को वह बहुत ज्ञानी लगती है,

किसी को वह शख़्स जो कभी खुद भी टूट चुकी थी।

लेकिन सब यह मानते हैं कि उसकी आंखों में हजारों कहानियाँ छुपी हैं और उसकी मुस्कान में एक नई सुबह की गर्माहट|

कहते हैं, वह एक ऐसी चाबी है जिससे वह अपने मन के ताले में दबी उलझन को सुलझा कर, जीवन को नए नजरिए से देख पाते हैं|

और जब लोग कैफे से बाहर निकलते हैं, तो उनका मन हल्का होता है, जैसे कोई वजन उतर गया हो।

और जब पीछे मुड़कर देखते हैं, दरवाज़ा गायब हो चुका होता है|

लेकिन सुकून... उनके भीतर रह जाता है।

सीखा हुआ सबक, दिल में बस जाता है

और कभी-कभी

वह खुद किसी और के लिए वही दरवाज़ा बन जाते हैं,

एक ऐसा दरवाज़ा, जो चुपचाप किसी और की थकान को हल्का कर दे।

और जब आप इस किताब का आखिरी पन्ना बंद करेंगे...

आपको महसूस होगा...थोड़ा हल्कापन, थोड़ी शांति,

थोड़ी राहत, और जीवन के प्रति एक नई, कोमल सकारात्मक सोच|

इसीलिए जब कभी थक जाओ...

फिर लौट आना|

सेल्फ हीलिंग कैफे हमेशा आपके लिए खुला है...

मौन में, भावनाओं में, और आपके भीतर की उसी जगह में...

- आपका ही एक साथी, जो कभी खुद भी यहां बैठा था।

कैफे की कल्पना कैसे आई

कभी-कभी ज़िंदगी इतनी तेज़ चलती है कि हम खुद से ही पीछे रह जाते हैं।

हम दूसरों के लिए दौड़ते हैं, जिम्मेदारियों में उलझते हैं और मुस्कुराहट ओढ़े रहते हैं —

पर भीतर कहीं एक थका हुआ मन, एक अदृश्य खालीपन... हमें बार-बार बुलाता रहता है,

"रुको... खुद से मिलो..."

"सेल्फ हीलिंग कैफे" उसी पुकार का उत्तर है।

यह कोई ऐसी जगह नहीं जिसे आप गूगल मैप पर खोज पाएँगे।

यह तो एक अनुभूति है, जो तब जन्म लेती है,

जब मन भीतर से टूट कर भी मुस्कुराना चाहता है, लेकिन थक चुका होता है।

यह कैफे कहीं बाहर नहीं, आपके ही मन के भीतर का एक कोना है —

जहाँ आप अकेले नहीं, बल्कि अपने सच्चे रूप से मिलते हैं।

जहाँ शब्द नहीं... मौन बोलता है।

जहाँ चाय नहीं... शांति का कप परोसा जाता है।

जहाँ मिठास किसी डेज़र्ट में नहीं, क्षमा में घुली होती है।

इस विचार का जन्म तब हुआ,

जब एक हीलर के रूप में अनेक लोगों से मिलते हुए,

मैंने उनके जीवन-संघर्षों, टूटे सपनों और भावनात्मक यात्राओं को गहराई से महसूस किया।

और वहीं से यह प्रेरणा मिली कि

हर व्यक्ति को एक ऐसा स्थान मिले,

जहाँ वह स्वयं को समझ सके, स्वीकार सके और भीतर शांति पा सके।

धीरे-धीरे मैंने समझा कि हीलिंग कोई चमत्कार नहीं,

यह अपने दर्द को सम्मान देना है।

उसे नकारना नहीं, उसके पार जाकर फिर से खुद को पहचानना है।

और फिर अन्तर्मन से एक धीमा–सा स्वर उठा —

"काश, कोई जगह होती जहाँ आत्मा बस... खुद को महसूस कर पाती।"

वो स्वर ही "सेल्फ हीलिंग कैफे" बन गया।

हर इंसान के भीतर एक ऐसी जगह होती है, जहाँ वह अपने दर्द को बिना डर के रख सके। जहाँ कोई आपको परखे नहीं, न कोई सवाल उठाए —

बस सुने... पूरे दिल से।

सेल्फ हीलिंग कैफे उसी जगह का नाम है।

फिलहाल, यह किसी नक्शे पर नहीं है,

न किसी गली या पते पर।

यह तो बस उन दिलों में मिलता है,

जो थक चुके हैं, पर फिर से जीना चाहते हैं।

इस किताब की कहानियाँ

यह किताब उसी सेल्फ हीलिंग की कहानियाँ है —

जहाँ कोई मीरा "छोड़ने की चाय" पीती है,

कोई अर्जुन "शांति का कप" लेता है

और कोई खोया हुआ इंसान अपनी पहचान फिर से ढूँढता है।

इस किताब का हर अध्याय, हर पात्र,

आपके भीतर के उसी हिस्से को छू जाएगा —

जो कभी टूट गया था, कहीं खो गया था

और कहीं जो आज भी भीतर धीमी-सी रोशनी बनकर जल रहा है।

जब भी आपका मन थक जाए,

जब भी आप खुद को खोया महसूस करें,

बस इस किताब को खोल लीजिए।

यह आपके भीतर का दरवाज़ा खोल देगी।

यह किताब सिर्फ शब्दों का संग्रह नहीं, यह एक सपना है, भविष्य का एक बीज है।

एक दिन, आने वाले समय में, भौतिक दुनिया में सेल्फ हीलिंग कैफे की वास्तविक जगह होगी,

जहाँ आत्मा को शांति मिलेगी, मन को सुकून मिलेगा

और शरीर को भी सेल्फ हीलिंग का स्पर्श मिलेगा।

वहाँ चाय होगी, लेकिन केवल स्वाद के लिए नहीं, बल्कि आत्मा को सुकून देने के लिए।

वहाँ दीवारों पर शब्द होंगे, पर प्रेरणा के नहीं, बल्कि आत्मसात के लिए।

वहाँ संगीत होगा, पर कानों के लिए नहीं, बल्कि अंतरमन के सुनने के लिए।

इसीलिए जब कभी जीवन भारी लगे, या आप खुद को खोया महसूस करें,

बस यह किताब खोलिए...और सेल्फ हीलिंग कैफे के दरवाज़े अपने भीतर खुलने दीजिए।

क्योंकि एक दिन, यह कैफे सिर्फ आपके भीतर ही नहीं,

बल्कि इस धरती पर भी अपना घर बनाएगा।

और तब, जो भी वहाँ आएगा, एक नई, हल्की मुस्कान के साथ लौटेगा।

क्यूँकि सेल्फ हीलिंग कैफे वो जगह है,

जहां मन को विश्राम, आत्मा को शक्ति और जिंदगी को मिलती है नई उड़ान|

एक पर्सनल नोट

प्रिय पाठक,

सेल्फ हीलिंग कैफे कोई साधारण जगह नहीं, यह मन का कैफे है। जहाँ हर शब्द सुकून का एक घूँट है, हर कहानी एक दवा है और हर पन्ना आत्म-स्पर्श का अनुभव।

यहाँ आप अपने मन के बोझ को उतार सकते हैं, भावनाओं की धूल झाड़ सकते हैं और नए सिरे से जीना सीख सकते हैं।

यह पुस्तक... आपके भीतर की यात्रा का निमंत्रण है।

यहाँ हम सीखते है कि हीलिंग बाहर नहीं, भीतर होती है।

माफी, प्रेम और स्वीकार, हमारे सबसे बड़े उपचारक हैं।

और जब हम खुद से जुड़ते हैं, तब जीवन खुद हमसे जुड़ जाता है।

तो आइए,

इस आत्मिक यात्रा की एक प्याली चाय साथ पीते हैं...

जहाँ हर घूँट में है शांति, हर शब्द में चिकित्सा और हर अनुभव में जीवन का नया स्वाद।

यह किताब सिर्फ पढ़ने के लिए नहीं...

महसूस करने के लिए है।

यह आपको आपके भीतर की उन भावनाओं तक ले जाएगी

जहाँ शायद आप वर्षों से नहीं गए।

इसीलिए इस कैफे में प्रवेश अचानक नहीं होता,

उससे पहले एक छोटा-सा रिवाज़ है...

एक धीमी-सी तैयारी...

जो मन को खोलती है, भावनाओं को नरम करती है और आत्मा को स्वीकार करने लायक बनाती है।

यह उसी "दहलीज़" की तरह है —

जहाँ आप थोड़ी देर बैठते हैं,

अपने आप से मिलते हैं

और फिर एक शांत मन के साथ अंदर कदम रखते हैं।

आइए...

अब हम इस दहलीज़ पर बैठकर,

अपने भीतर के दरवाज़े को खोलने की तैयारी करें।

इसीलिए शुरू करने से पहले,

बस ये चार छोटे और आसान कदम अपने लिए ले लीजिए:

1. **अपना फोन साइलेंट कर दें:-**

   जितनी देर आप सेल्फ हीलिंग कैफे में अपना वक्त गुजारने आए हैं

   न कोई संदेश,

   न कोई कॉल,

   न कोई व्यवधान।

   यह समय सिर्फ आपका है।

2. **एक शांत जगह चुनें और एक गहरी साँस लें|**

   कोई भी शांत कोना, घर का चाहे बाहर का —

   कुर्सी, बिस्तर, फर्श, बालकनी...

फिर बस एक गहरी साँस लें...

और धीरे से छोड़ दें।

यह साँस आपके मन को कहती है,

"अब मैं अपने लिए तैयार हूँ।"

3. **अपने पास चाय, कॉफ़ी या पानी रखें।**

एक छोटा-सा घूँट लें।

उसके बाद अपने दिल से धीरे से कहें,

"मैं यह किताब अपने दिल को समझने के लिए पढ़ रहा/रही हूँ।"

और यही पल आपको

सेल्फ हीलिंग कैफे की दुनिया में ले जाता है।

4. **एक छोटी-सी नोटबुक साथ रखें| इस किताब में कहानियों के बाद आपको आत्म चिंतन से जुड़े प्रश्न मिलेंगे।**

उनके जवाब अपने मन में न छोड़ें —

उन्हें लिखें।

एक छोटी-सी डायरी या नोटबुक में|

आपकी हीलिंग यात्रा को यह और वास्तविक बना देगी।

आप जब लिखते हैं,

तो आपका मन आपको सुनने लगता है।

एक छोटी-सी बात...

इस किताब को जल्दी में न पढ़ें।

इसे महसूस करें।

जहाँ कहानी आपको छू जाए, वहाँ ठहरें।

जहाँ आँसू आएँ, बहने दें।

जहाँ मुस्कान आए, अपनी आत्मा को उसके साथ खिलने दें।

क्योंकि यह किताब

आपको किसी कहानी से नहीं,

आपसे मिलवाने आई है।

अब... आप तैयार हैं।

मन शांत हो चुका है,

भावनाएँ स्वीकार हो चुकी हैं

और आत्मा हल्का महसूस कर रही है।

अब आप सेल्फ हीलिंग कैफे में प्रवेश कर सकते हैं —

जहाँ हर अध्याय, हर कहानी,

आपको आपके भीतर की रोशनी से मिलाने के लिए है।

आइए... हम इस यात्रा की शुरुआत करें।

हीलिंग आपका इंतज़ार कर रही है।

आपका स्वागत है —

सेल्फ हीलिंग कैफे में।

अध्याय 1

ज़िन्दगी की Hot Chocolate

> *"साहस ताकत के साथ आगे बढ़ना नहीं है, बल्कि तब भी आगे बढ़ते रहना है जब ताकत न हो"*
>
> *– नेपोलियन बोनापार्ट*

तेरह साल की आर्या...

छोटी उम्र, पर मन में तूफ़ान इतना बड़ा कि सांसें तक डर से काँप जाती थीं।

कई महीनों से वह स्कूल में बुलिंग का सामना कर रही थी,

लंच में अकेला छोड़ दिया जाना,

बैग छिपा देना,

ग्रुप से बाहर कर देना,

उसके कपड़ों, चाल और दिखावट पर ताने...

और सबसे खतरनाक,

उसकी डेस्क पर लिख देना,

"तू मेंटल है।''

वह कई बार टीचर के पास जाकर शिकायत करती,

पर हर बार जवाब एक ही,

"OK... I will look into the matter... but don't be so sensitive... you overreact." कहकर इग्नोर कर दिया जाता।

घरवालों ने भी उसकी परेशानी के बारे में एक-दो बार स्कूल में बात की, मगर कोई सख्त कदम नहीं उठाये गए|

और एक दिन...

उसके मन में एक बुरा ख़याल जन्मा —

"अगर मैं इस दुनिया से चली जाऊँ... तो शायद दर्द भी चला जाएगा।

उसी शाम वह रोते हुए पार्क में भागी।

घुटनों को सीने से लगाकर बैठ गई।

सांसें काँप रही थी।

दिल जोर से धड़क रहा था।

वह बिल्कुल अकेली थी।

तभी,

पेड़ों के बीच हल्की रोशनी चमकी।

और नीले अक्षरों में एक बोर्ड झिलमिलाया —

"सेल्फ हीलिंग कैफे"

उसके कदम अपने-आप अंदर जाने लगे।

अंदर हवा में मीठा सा सुकून, हल्की संगीत की धुन और एक ऐसी गर्माहट मानो किसी ने उसके दुख को पहले ही पहचान लिया हो।

काउंटर के पीछे खड़ी थी एक महिला —

बालों में हल्की सिल्वर लकीरें और आँखों में ऐसी गहराई जैसे उसने

हजारों कहानियाँ देखी हों।

वो मुस्कराईं।

आर्या को देखते ही प्यार से उसका हाथ पकड़ा और कहा,

“बेटा, आज तुम्हें ‘ज़िंदगी की हॉट चॉकलेट’ चाहिए।”

आर्या रोते-रोते बोली,

“आंटी... मुझे कुछ अच्छा नहीं लगता है... मैं अब थक गई हूँ।

कोई सुनता नहीं...

किसी को मेरी परवाह नहीं...”

महिला ने कप उसके हाथों में रखा

और बेहद शांत आवाज़ में कहा,

“आओ तुम्हें एक रास्ता दिखाती हूँ,

यही रास्ता वापस तुम्हें जीवन की खोई हुई खुशियों से मिला देगा।”

आर्या सिसकती हुई बोली,

“रास्ता? क्या मेरे लिए भी कोई रास्ता है?”

महिला मुस्कुराईं —

“हाँ बेटा|

सबसे पहले...

ये लो कागज़।

आज जो भी हुआ,

उसे सीधे-सीधे लिख दो।

नाम लिखने की भी ज़रूरत नहीं।

बस सच लिख दो।

जब दर्द कागज़ पर उतरता है,

तो दुनिया उसे अनदेखा नहीं कर पाती।”

आर्या ने पहली बार

अपनी कहानी कागज़ पर उतारी,

बिना रुके।

बिना डरे।

महिला बोलीं,

“अब पहला कदम:

घर पहुँचकर बस एक वाक्य बोलना,

‘मम्मी, मुझे आपकी मदद चाहिए।’

बस यह एक वाक्य दरवाज़ा खोल देगा।

फिर उन्हें पूरा सच बताना|

तुम्हारे माता-पिता तुम्हारी ताकत हैं।"

"दूसरा कदम:

स्कूल को ईमेल के ज़रिये लिखित शिकायत भेजना।

लिखित शिकायतें कभी अनसुनी नहीं होतीं।

और CC में अपने प्रिंसिपल को जरूर संबोधन करना।

ये सबसे बड़ा हथियार है।"

"तीसरा कदम:

स्कूल में कोई एक टीचर,

काउंसलर या सुपरवाइज़र...

जिससे तुम सुरक्षित महसूस करती हो —

उनसे कहना: "मैम/सर, मुझे आपकी मदद चाहिए।"

यह एक वाक्य किसी भी दिल को बदल सकता है।

फिर महिला ने प्यार से उसके सर पर हाथ फेरते हुए कहा,

"एक-दो दिन स्कूल मत जाओ।

तुम्हें ब्रेक की जरुरत है|

और हाँ, ये मत सोचना कि तुम इस मुसीबत से डर के भाग रही हो

क्यूँकि इसे भागना नहीं कहते; इसे साँस लेना कहते हैं।"

महिला आगे बोलीं, "जो बच्चा बुलिंग झेल लेता है,

उसका दिल दुनिया का सबसे मजबूत दिल बन जाता है।

तुम टूटी नहीं हो... तुम बस थकी हो।

और थके हुए लोग आराम लेकर पहले से भी ज्यादा मजबूत उठते हैं।"

आर्या ने पहली बार राहत की हल्की सी रोशनी महसूस की।

जब वह बाहर निकली, पीछे कैफे धीमे-धीमे गायब होने लगा।

उसने घर पहुँचकर वही वाक्य कहा,

“मम्मी, मुझे आपकी मदद चाहिए।”

माँ ने उसे गले से लगा लिया।

पापा साथ बैठ गए।

उसने कागज़ दिखाया।

माँ के हाथ काँप गए।

पापा का चेहरा सख़्त हो गया।

और फिर तीन चीजें सबसे पहले हुईं:

माता-पिता ने लिखित शिकायत की, प्रिंसिपल CC में संबोधित किए गए और फिर स्कूल मैनेजमेंट तुरंत हरकत में आया और कड़े कदम उठाए गए।

और आर्या दो दिन स्कूल नहीं गई, जिससे उसका मन और मस्तिष्क शांत हुआ।

उसकी हीलिंग शुरू हो चुकी थी।

अब वह हंसना और मुस्कुराना चाहती थी,

क्योंकि किसी ने उसके दिल की बात सुनी और समझी।

हीलिंग मंत्र:

मेरी आवाज़ मेरी ढाल है।

मै हमेशा अपनी भावना को व्यक्त करूँगा/करुँगी।

आत्म चिंतन:

1. क्या आज मैं अपने डर को किसी भरोसे वाले व्यक्ति को बता सकता/सकती हूँ?
2. क्या मैंने कभी किसी बच्चे की चुप्पी को अनसुना किया है?
3. क्या मैं खुद को एक मौका और दे सकता/सकती हूँ?

अध्याय 2

समझ की स्वीट पेस्ट्री

"रिश्तों में दूरी शब्दों से नहीं बढ़ती...
समझ की कमी से बढ़ती है।"

कभी-कभी कोई रिश्ता तब समझ में आता है,

जब हम उसे दूसरी तरफ़ से खड़े होकर देखना शुरू करते हैं।

रिद्धि उस सुबह कॉलेज के रास्ते पर थी,

कानों में हेडफ़ोन, दिल में उलझनें और दिमाग में वही पुराना सवाल -

"माँ हमेशा इतना टोकती क्यों हैं?"

वह पिछले कुछ महीनों से अपनी माँ के साथ रिश्ता सुधारने की कोशिश तो कर रही थी,

लेकिन एक अदृश्य-सी दूरी अब भी मौजूद थी —

एक ऐसी दीवार जो न दिखती थी, न टूटती थी।

वो अक्सर सोचती,

"माँ हर छोटी चीज़ पर अपनी राय क्यों देने लगती हैं?

क्यों वो मेरी तरह नहीं सोच पातीं?"

उस दिन क्लास के बाद वो बेहद थक चुकी थी।

बारिश के बाद की ठंडी हवा उसके चेहरे को छू रही थी,

पर मन में वही बेचैनी —

"क्या मैं अपनी माँ को कभी समझ पाऊँगी?"

उसी समय उसकी नज़र सड़क किनारे एक पुराने-से बोर्ड पर पड़ी —

"सेल्फ हीलिंग कैफे"

वो रुक गई।

"कितना प्यारा नाम है..." उसने बुदबुदाया

और जाने क्यों, बिना सोचे वह अंदर चली गई।

कैफे में एक अजीब सुकून था।

लकड़ी की हल्की महक, पीली रोशनी और कहीं पृष्ठभूमि में धीमे-धीमे वायलिन की आवाज़।

काउंटर के पीछे वही मुस्कुराती हुई महिला थीं —

जिनकी आँखों में इतनी गहराई थी कि किसी को देखते ही उसका मन पढ़ लेती हों।

उन्होंने कुछ पूछे बिना रिद्धि के सामने एक प्लेट रखी और

मुस्कुराते हुए कहा, "ये लो...

'समझ की स्वीट पेस्ट्री'

इसे ज़रा आराम से खाना, जैसे किसी रिश्ते को धीरे-धीरे समझते हैं।"

रिद्धि ने हैरान होकर पूछा, "आपको कैसे पता मैं क्या सोच रही हूँ?"

इसपर वो थोड़ा आगे की ओर झुककर बोलीं, "यहाँ जो भी आता है,

वो किसी जवाब की तलाश में होता है।

और जवाब कभी बाहर नहीं,

हमेशा भीतर छिपा होता है।"

रिद्धि मुस्कुराई।

पहला कौर लिया और ऐसा लगा जैसे किसी ने उसके भीतर की खिड़की खोल दी हो।

उसे पुरानी यादें वापस आने लगीं -

माँ का सुबह-सुबह जगाना,

बारिश में भीग जाने पर डाँटना,

परीक्षा से पहले माथे पर हाथ रखकर कहना,

"बस कोशिश करना, रिज़ल्ट की चिंता मत करना।"

हर वो पल जो तब झुंझलाहट लगता था,

अब उसमें एक अनकहा प्यार दिख रहा था।

महिला मुस्कुराते हुए बोलीं,

"कभी-कभी प्यार इतना गहरा होता है,

कि शब्द उसके आगे छोटे पड़ जाते हैं।

तुम नहीं जानती थी कि तुम्हारी माँ की हर सलाह के पीछे

एक डर छिपा होता है —

प्यार के ओवरडोज़ में छिपा हुआ डर।"

रिद्धि की आँखें नम हो गईं।

वो धीरे से बोली,

"शायद माँ को प्यार जताना नहीं आता... या शायद मैं देख नहीं पाई।"

वो महिला उसके सामने बैठ गईं और बोलीं,

"हर माँ अपने डर से लड़ते हुए अपने बच्चों को प्यार जताती है।

जब तुम इस डर को समझना शुरू कर देती हो,

तो वो धीरे-धीरे खत्म होने लगता है।

यही है 'समझ की स्वीट पेस्ट्री',

जो हर रिश्ते में मिठास लौटा देती है।"

रिद्धि ने सिर झुका लिया।

उसके भीतर कुछ बदल गया था — एक नई सोच, एक नई समझ, एक छोटी सी राहत।

महिला ने कहा, "अगली बार जब झगड़ा हो तो इस पेस्ट्री का एक कौर याद कर लेना,

तुम्हारा दिल खुद ही शांत हो जाएगा।"

रिद्धि की आँखों में आँसू थे।

उसे लगा जैसे बरसों से जमी शिकायतें धीरे-धीरे घुल रही हैं —

हर कौर के साथ, हर याद के साथ|

“कभी-कभी प्यार बहुत कुछ कह देता है, बस हम सुनना भूल जाते हैं।”

कैफे से बाहर निकलते हुए रिद्धि के चेहरे पर मुस्कुराहट थी।

वो समझ चुकी थी — माँ की डाँट में, उनकी बेचैनी में,

हर शब्द के पीछे बस एक डर छुपा था —

कहीं मेरी बेटी खो न जाए।

पीछे मुड़कर देखा, कैफे गायब।

पर उसे हैरानी नहीं हुई क्यूँकि जवाब वह अपने भीतर लेकर जा रही थी।

घर पहुँची तो माँ रसोई में थीं।

रिद्धि ने बिना कुछ कहे जाकर माँ को गले से लगा लिया।

सुमित्रा हैरान रह गई, “क्या हुआ बेटा?”

रिद्धि मुस्कुराई, “कुछ नहीं माँ... बस मीठे की क्रेविंग हो रही थी।

तो मैं पेस्ट्री ले आई

एक आपकी,

एक मेरी।”

फिर दोनों ने हंसी-ठहाकों के बीच पेस्ट्री का आनंद लिया और उनके आपसी मतभेद हवा में गुम होने लगे।

अब उनके बीच समझ की स्वीट पेस्ट्री की फ्रेशनेस के अलावा और कुछ भी नहीं था।

हीलिंग मंत्र:

समझ हर रिश्ते का सबसे सच्चा स्वाद है —

जब वो घुलता है, तो मतभेद भी मधुर लगने लगते हैं।

आत्म चिंतन:

1. क्या मैं अपने करीबी लोगों को उनके नज़रिए से समझने की कोशिश करता/करती हूँ?
2. क्या मैंने कभी बिना जवाब दिए बस सुनने की कोशिश की है?
3. क्या आज मैं किसी रिश्ते में थोड़ी मिठास और समझ ला सकता/सकती हूँ?

अध्याय 3

छोड़ने की चाय

> *"कभी-कभी चीज़ें इसीलिए टूट जाती हैं,*
> *ताकि उनसे भी बेहतर चीज़ें एक साथ जुड़ सकें।"*
> ***– मर्लिन मुनरो***

वो एक ठंडी, धुंधली शाम थी।

मीरा शहर की अनजान, भीगी सड़कों पर यूँ ही भटक रही थी।

फोन की बैटरी खत्म हो चुकी थी —

पर सच्चाई यह थी कि कोई ऐसा था भी नहीं जिसे कॉल करती...

और न ही कोई ऐसा जिसके कॉल का अब उसे इंतज़ार हो।

ब्रेकअप के घाव अभी भी ताजे थे।

शब्दों से अलविदा कह दिया था, पर दिल अब भी उसी मोड़ पर अटका हुआ था, जहाँ बातें तो खत्म हो गई थीं, पर एहसास नहीं।

चलते-चलते उसके कदम एक अजीब, संकरी गली में मुड़ गए,

वो गली जैसे खुद उसे खींच रही थी।

और तभी सामने आया — लकड़ी का एक छोटा-सा दरवाज़ा, जिसके किनारों से हल्की सुनहरी रोशनी झाँक रही थी...

मानो भीतर कोई सौम्य उजाला उसका इंतज़ार कर रहा हो।

दरवाज़े के ऊपर एक छोटा-सा बोर्ड था:

"सेल्फ हीलिंग कैफे"

मीरा कुछ पल रुकी।

साँस भरकर उसने दरवाज़ा धीरे से खोल दिया।

अंदर कदम रखते ही एक धुन बजती हुई सुनाई दी —

न तेज़, न धीमी, बस इतनी कोमल कि मन के टूटे हिस्सों को धीरे से सहला दे।

वहाँ की हवा में शहद, दालचीनी और अपनेपन की खुशबू थी।

काउंटर के पीछे खड़ी थीं वही महिला — वो मुस्कराईं।

"बैठ जाओ बेटी," उनकी आवाज़ मानो ठंडी शाम में एक गरम कंबल जैसी थी।

"मैं वही लाऊँगी जो तुम्हें चाहिए।"

मीरा खिड़की के पास वाली कुर्सी पर बैठ गई।

बाहर बारिश शुरू हो गई थी, पर अंदर वक्त जैसे थम-सा गया था।

पांच साल का रिश्ता - राहुल के साथ

कभी मीठी बातें, कभी कडवे घूँट

कभी प्यार, तो कभी उपेक्षा

मीरा टूटती रही, जुड़ती रही... रिश्ते को संभालने की कोशिश करती रही...

पर आज, समझौतों की सारी ताकत जैसे खत्म हो चुकी थी।

और भीतर से एक धीमी...पर साफ़ आवाज़ उठ रही थी— "अब और नहीं।"

थोड़ी ही देर में महिला ने एक कप उसके सामने रखा —

उससे भाप उठ रही थी, जिसमें कुछ ऐसी खुशबू थी जो उसने कभी महसूस नहीं किया था... पर जिससे शांति मिल रही थी।

"ये क्या है?" मीरा ने धीरे से पूछा।

"**छोड़ने की चाय**," महिला ने मुस्कुराते हुए कहा।

"धीरे-धीरे पीना।"

मीरा ने कप को दोनों हाथों से थाम लिया।

पहली चुस्की के साथ ही दिल का भारीपन थोड़ा हल्का हुआ।

दूसरी के साथ, वो सारी बातें जो उसे रोक रही थीं, मन में उठीं... और हवा में घुल गईं।

तीसरी चुस्की के साथ उसकी आँखें भर आईं —

दर्द से नहीं, बल्कि राहत से।

महिला उसके सामने बैठ गईं।

"वो इसीलिए नहीं गया क्योंकि तुममें कोई कमी थी," उन्होंने बहुत नर्म स्वर में कहा।

"वो गया क्योंकि तुम्हारी राहें और ऊँची थीं, जहाँ वो साथ नहीं चल सकता था।"

मीरा ने आँखें बंद की।

वो बात जैसे उसके दिल में उतर गई।

"और तुम टूटी नहीं हो," महिला ने कहा, "तुम बस अपने भीतर जगह बना रही हो नयी रोशनी के लिए।"

मीरा ने चाय खत्म की।

उसके दिल में एक अजीब-सी गर्माहट और हल्कापन फैल गया था।

वो उठी।

"शुक्रिया," कहा।

महिला ने सिर हिलाया और कहा,

"उसे सम्मान के साथ अपनी जिंदगी से विदा करो और दुआएँ दो कि वो भी सुकून और खुशी से अपने जीवन का नया सफर तय करे!"

मीरा बाहर निकली।

अब बारिश रुक चुकी थी।

आसमान साफ़ हो रहा था।

जब उसने पीछे मुड़कर देखा...

कैफे गायब हो चुका था।

लेकिन उसके भीतर वो गर्माहट, वो शांति और वो मीठी खुशबू रह गई थी — **आज़ादी की खुशबू।**

हीलिंग मंत्र:

मैं अपने बीते संबंधों को सम्मान और कृतज्ञता के साथ विदा देता/देती हूँ।
मैं जानता/जानती हूँ कि उनके जाने से मैं अधूरा/अधूरी नहीं हूँ, बल्कि मुक्त हूँ।

आत्म चिंतन:

1. क्या आपने कभी किसी ऐसे रिश्ते को पकड़े रखा है जो कब का समाप्त हो चुका था?
2. क्या आप छोड़ने के भय से अपने जीवन में रुकावट महसूस कर रहे हैं?
3. क्या आप तैयार हैं खुद को मुक्त करने और आगे बढ़ने के लिए?

अध्याय 4

माफ़ी का मीठा बिस्कुट

"माफी वह उपहार है
जो आप खुद को देते हैं।"

कभी-कभी सबसे बड़ा अपराध वो होता है जो हमने किया ही नहीं —

मगर हम अपने मन में उसे पकड़कर रखते हैं।

श्रेया पिछले सात सालों से उस अदृश्य बोझ को ढो रही थी।

उसकी माँ अस्पताल में थीं और उस दिन उसे आख़िरी बार उनसे मिलने का मौका मिला था,

पर वह किसी ज़रूरी मीटिंग में फँसी रही।

जब तक वह पहुँची, माँ गुज़र चुकी थीं।

लोग उसे समझाते रहे, "तुम्हारी गलती नहीं थी",

मगर उसका दिल उसे हर रोज़ दोष देता था

और भीतर ही भीतर कचोटता रहता था।

उस दिन सुबह वो बर्दाश्त नहीं कर पाई।

मन का जाल उसे जकड़े जा रहा था, साँस नहीं लेने दे रहा था।

बिना किसी योजना के,

सिर्फ़ राहत की तलाश में वह घर से बाहर निकली

और चलते-चलते अनजाने ही फिर उसी पुराने मोड़ पर पहुँच गई जहाँ था —

"सेल्फ हीलिंग कैफे"

अंदर कदम रखते ही वही हल्की खुशबू, वही धीमा संगीत और वही सौम्य महिला,

जिनकी मुस्कान जैसे आत्मा के भीतर तक उतर जाए, उसके सामने खड़ी थीं।

उन्होंने श्रेया की आँखों में देखा और पूछा,

"खुद को अब और क्यों उलझाए जा रही हो"

उनका यह सवाल शब्दों से नहीं, तजुर्बे से निकला हुआ लगता था।

श्रेया फूट पड़ी। आँसुओं से भीगी आवाज़ में बोली,

"मैं माँ से माफ़ी भी नहीं मांग पाई... आखिरी बार देखा भी नहीं... और मैं कैसे खुद को माफ़ करूँ?"

महिला ने बड़े प्यार से उसका हाथ थामा।

"बैठो... आज तुम्हारे लिए कुछ खास है।"

कुछ ही देर में उन्होंने उसके सामने एक प्लेट रख दी।

उस पर था एक सुनहरा, हल्का खुशबूदार बिस्कुट।

"माफ़ी का मीठा बिस्कुट"

उन्होंने मुस्कराकर कहा,

"इसे धीरे-धीरे खाओ... और हर कौर के साथ अपने मन की एक गाँठ खोल दो।"

श्रेया ने काँपते हाथों से पहला टुकड़ा मुँह में डाला।

उसके ज़ुबान पर वो ऐसा स्वाद था, जैसे माँ के हाथ का हलवा।

आँखें बंद होते ही सारी अधूरी बातें, सारी यादें, सारी खामोशियाँ उसके सामने आने लगीं।

दूसरे कौर के साथ उसकी आँखों से ख़ुद-ब-ख़ुद आँसू बह निकले।

उसे पहली बार एहसास हुआ...

"मैंने माँ को खोया, लेकिन उनकी यादें तो अब भी मेरे पास हैं।

क्या मैं हर रोज़ खुद को दोष देकर उनकी आत्मा को भी दुखी कर रही हूँ?"

तीसरा कौर...

मन जैसे धीमे-धीमे हल्का होने लगा।

महिला ने कहा,

"माफ़ करना देने का नाम नहीं है... छोड़ने का नाम है।

जिस बोझ को तुम पकड़े हो, वही सबसे बड़ी बेड़ी बन गई है।

उसे छोड़ दोगी, तभी तुम सच में उड़ पाओगी।"

"लेकिन खुद को माफ़ कैसे करूँ?" श्रेया ने रुँधे गले से पूछा।

महिला के चेहरे पर एक गहरी, शांत चमक उतर आई।

"खुद को माफ़ करना... वास्तव में माँ की रूह को माफ़ी देना है।

क्योंकि वो कभी तुमसे नाराज़ नहीं थीं।

लेकिन तुम हो... खुद से।

तुम्हारी माँ आज भी तुम्हें बस मुस्कुराकर इतना ही कहना चाहती हैं,

'बेटा... अब खुद को माफ़ कर दो।'"

श्रेया का दिल जैसे किसी ने हल्के से सहला दिया हो।

उसने आखिरी कौर मुँह में रखा।

वो मिठास... अब उस बिस्कुट की नहीं थी।

वो उस क्षण की थी, जब उसने खुद को माफ़ करने का निर्णय ले लिया था।

वो खड़ी हुई।

आँखें झील की तरह शांत।

महिला ने बस इतना कहा,

"अब जब तुम किसी ऐसे व्यक्ति से मिलो,

जो अपने ही अपराधबोध में डूबा हो...

उसे भी ये मीठा बिस्कुट दे देना...

बिना शर्त और बिना देरी के।"

श्रेया ने हाथ जोड़कर धन्यवाद दिया और कैफे के बाहर आ गई।

आसमान हल्का गुलाबी हो रहा था और सुबह की नरम किरणें उसके चेहरे को ऐसे छू रही थीं,

जैसे उसकी माँ चुपचाप उसके माथे को चूम रही हों।

पीछे मुड़कर देखा...

कैफे का दरवाज़ा वहाँ नहीं था।

मगर उसके मन के भीतर अब एक खिड़की खुल चुकी थी।

उस खिड़की से आती हवा कह रही थी,

"माफ़ी... आत्मा का सबसे मीठा तोहफ़ा है।

अब ख़ुद को मुक्त कर, बेटी। जी ले... अपने लिए।"

हीलिंग मंत्र:

मै खुद को माफ़ करता/करती हूँ।

मैंने जो अनजाने में कहा या किया, उसे भी स्वीकारता/स्वीकारती हूँ|

मै अब खुलकर माफ़ी मांगने और माफ़ करने का साहस रखता/रखती हूँ।

आत्म चिंतन:

1. क्या मै अपने ही अपराधबोध में फँसा हुआ/फँसी हुई हूँ?
2. क्या मै खुद को माफ़ करने की अनुमति दे सकता/सकती हूँ?
3. क्या माफ़ करने या माफ़ी माँगने से मेरे दिल को सूकून और हल्कापन मिल सकता है?

अध्याय 5

भरोसे का मीठा शहद

> *"यकीन कर लो कि तुम कर सकते हो, और तुम आधा रास्ता पहले ही तय कर चुके होते हो।"*
>
> ***– थियोडोर रूज़वेल्ट***

विराज एक साधारण-सा युवक था, लेकिन उसकी सोच हरदम उलझनों के बादलों में घिरी रहती थी।

वो हर बात पर ज़रूरत से ज़्यादा सोचता —

"अगर ये गलत हो गया तो?"

"अगर सब हँसने लगे तो?"

"अगर मैं असफल हो गया तो?"

उसके भीतर एक अदृश्य डर बस गया था,

वो डर जो किसी को दिखता नहीं, पर मन को हर रोज़ खोखला करता रहता था।

वो अपनी नौकरी में ठीक-ठाक कर रहा था,

पर दिल के किसी बहुत अंदरूनी हिस्से में एक आवाज़ हमेशा फुसफुसाती रहती,

"मैं इससे ज़्यादा कर सकता हूँ... मैं अपनी मेहनत से कुछ बनाना

चाहता हूँ।"

लेकिन जैसे ही वो कदम बढ़ाने की सोचता,

वही पुरानी आवाज़ उसे रोक देती,

"अगर सब कुछ बिगड़ गया तो... ?"

धीरे-धीरे वो डर उसका स्वाभाव बन गया।

वो मुस्कुराता था, पर धीरे-धीरे अंदर से टूटता जा रहा था।

एक शाम, जब उसे ज़्यादा थकान महसूस हो रही थी, वो अकेले पार्क में जाकर बैठ गया।

सूरज ढल चुका था, हवा में ठंडी नमी थी और उसके मन में सवालों का तूफ़ान।

वो घास पर झुक कर बैठ गया, सिर हथेलियों में टिकाए —

"मैं हमेशा डरता क्यों हूँ?

आखिर मुझमें कमी क्या है?"

उसी वक़्त, हवा का एक झोंका आया —

और उसके साथ एक मीठी सी खुशबू भी...

जैसे किसी ने लौंग, इलायची और शहद का मिश्रण धीरे-धीरे हवा में घोल दिया हो।

विराज ने सिर उठाया —

सामने एक छोटा-सा खूबसूरत बोर्ड चमक रहा था, जिसपर लिखा था —

"सेल्फ हीलिंग कैफे"

वो थोड़ा चौंका।

"अभी तो यहाँ कुछ नहीं था," उसने सोचा।

लेकिन कुछ तो खिंचाव था जिससे वो खुद को रोक नहीं पाया।

अंदर कदम रखते ही, उसे लगा जैसे किसी ने उसके मन की थकान मिटा दी हो।

दीवारों पर हल्के पीले रंग के दीये जल रहे थे,

पृष्ठभूमि में धीमी साज़ की धुन

और वातावरण में सुकून का समंदर।

सब मिलकर जैसे कह रहे थे, "कुछ अच्छा होने वाला है..."

एक महिला मुस्कुराकर उसके पास आईं —

उनकी मुस्कान में एक अजीब-सा अपनापन था।

"आओ बेटा," उन्होंने कहा, "शायद आज तुम्हें 'भरोसे के मीठे शहद से बनी चाय' की ज़रूरत है।"

थोड़ी देर बाद वे शहद और मसालों से बनी एक कप गरम चाय लेकर आईं।

विराज ने जैसे ही पहला घूँट लिया,

एक सिहरन उसके शरीर में दौड़ गई।

उसे महसूस हुआ, जैसे कोई भीतर से बोल रहा हो...

"तुम्हारा डर तुम्हारा नहीं है।

वो बस तुम्हारी कल्पना का जाल है।

तुमने कभी सच में कोशिश ही नहीं की।

डर तो उस दरवाज़े का ताला है,

जिसके पीछे तुम्हारा असली संसार इंतज़ार कर रहा है।

उसे खोलो... भरोसे से।"

विराज की आँखों में आँसू भर आए।

उसे याद आया, कितनी बार उसने सपनों को सिर्फ इसीलिए टाल दिया, क्योंकि उसे लगता था कि वो तैयार नहीं है।

"अगर मैं असफल हो गया तो?" उसने मन ही मन फिर से पूछा।

और भीतर से जवाब आया — "अगर तुम कोशिश ही नहीं करोगे,

तो असफलता का डर तुम्हें हमेशा कैदी बनाए रखेगा।"

उसने चाय का दूसरा घूँट लिया —

इस बार स्वाद अलग था।

अब वो सिर्फ शहद नहीं था, वो आत्मविश्वास का स्वाद था।

महिला उसके पास आई,

उन्होंने उसके कंधे पर हल्का हाथ रखा और कहा —

“डर तब तक बड़ा लगता है,

जब तक तुम उसकी आँखों में देखकर नहीं मुस्कुराते।

भरोसा वो मीठा रस है, जो डर को बहा ले जाता है।

बस एक कदम भरोसे का उठा लो — बाकी की राह खुद बन जाएगी।”

विराज ने गहरी साँस ली।

पहली बार, उसे लगा जैसे उसके भीतर का ताला सच में खुल गया हो।

उसी वक़्त उसने वहीं बैठकर अपने स्टार्टअप आइडिया की पहली रूपरेखा कागज़ पर उतारी।

हाथ काँप रहे थे, पर दिल पहली बार शांत था।

वो जानता था — यह परफ़ेक्ट नहीं होगा, पर पहला कदम तो होगा।

वो मुस्कुराया और बोला, “आज मैंने अपने डर का इलाज पा लिया है।”

और फिर वह साहस से भरे कदमों के साथ कैफे से बाहर निकल गया।

कुछ महीनों बाद, विराज की ज़िंदगी सच में बदल चुकी थी। वो अब एक छोटे से स्टार्टअप का संस्थापक था,

जो न केवल उसकी पहचान बना, बल्कि कई युवाओं के लिए रोज़गार भी लेकर आया।

एक दिन वो उसी जगह लौटा, जहाँ उसने पहली बार “सेल्फ हीलिंग कैफे” देखा था।

पर अब वहाँ कुछ नहीं था — ना बोर्ड, ना कैफे।

बस हवा में वही मीठी खुशबू थी...

वो मुस्कुराया —

"शायद वो कैफे बाहर नहीं था...

वो तो मेरे भीतर खुला था —

जहाँ डर पिघला और भरोसा खिला।"

हीलिंग मंत्र:

"डर वहीं पिघलता है,

जहाँ भरोसा आँखों में उतर आता है।"

आत्म चिंतन:

1. क्या मैं किसी अदृश्य डर में जकड़ा हुआ/हुई हूँ?
2. क्या डर की वजह से मैंने अपने सपनों को रोक दिया है?
3. अगर आज मैं सिर्फ एक कदम भरोसे का बढ़ाऊँ, तो मेरी ज़िंदगी में क्या बदलाव आ सकता है?

अध्याय 6

क्षमा की ice टी

> *"कमजोर कभी क्षमा नहीं कर सकता।*
> *क्षमा करना ताकतवर का गुण है।"*
> *– महात्मा गाँधी*

रिश्तों की चुप्पी अक्सर शब्दों से ज़्यादा भारी होती है।

वही चुप्पी जो आवाज़ न होते हुए भी कानों में लगातार गूंजती रहती है।

आरव अब तीस के पार था।

बाहर से सब कुछ बिल्कुल सही लगता था -

अच्छी नौकरी, कई उपलब्धियाँ और एक मजबूत छवि।

लेकिन भीतर... एक अलग ही चुप्पी थी,

जैसे दिल में कुछ अधूरा रह गया हो।

उसने बचपन से अपने पिता को बस कठोर रूप में ही देखा था —

ऊँची आवाज़, ऊँची उम्मीदें और हर गलती पर डाँट।

सफलताओं पर बस एक हल्की-सी "हूँ"।

आरव को याद है, जब उसने स्कूल की ड्रॉइंग प्रतियोगिता जीती थी,

तो माँ ने ताली बजाई थी, पर पापा ने बस कहा था:

"अच्छा है, अब पढ़ाई पर ध्यान दो।"

वो शब्द जैसे बरसों तक उसके अंदर गूंजते रहे —

"अच्छा है, लेकिन..."

धीरे-धीरे, आरव बड़ा होता गया —

पिता और उसके बीच एक अदृश्य दीवार खड़ी हो गई,

जिसे न उसके पिता पार कर सके, न वह खुद।

माँ अक्सर कहती थीं, "तेरे पापा तुझसे बहुत प्यार करते हैं,"

तो आरव मुस्कुरा देता, पर भीतर ही भीतर सोचता,

"अगर करते हैं... तो दिखाते क्यों नहीं?"

साल बीतते गए।

रिश्ते में दूरी इतनी बढ़ी कि बस औपचारिक बातें ही रह गईं।

अब जब वो स्वयं पिता बन चुका था, तो उसे अपने बचपन के घाव और ज़्यादा स्पष्ट होने लगे।

एक दिन आरव ऑफिस से लौट रहा था।

उसने एक युवक को अपने वृद्ध पिता के गले में हाथ डाल कर हँसी मज़ाक़ करते देखा।

उसका मन भारी हो उठा।

वह समझ नहीं पा रहा था कि यह दुख है,पश्चाताप है, वर्षों से दबी हुई टीस, शायद थकान...

या न बोला गया वह दर्द जो सालों से भीतर पल रहा था।

हल्की बारिश शुरू हो चुकी थी। आरव अनजाने ही एक पुराने रास्ते पर मुड़ गया, जहाँ वो कभी नहीं गया था।

और तभी उसकी नज़र एक पुराने से बोर्ड पर पड़ी —

"सेल्फ हीलिंग कैफे"

उस नाम में एक अजीब-सी गर्माहट थी। वह भीतर चला गया।

अंदर लकड़ी की हल्की महक थी,

पीली रोशनी धीमे-धीमे झूम रही थी

और पृष्ठभूमि में एक शांत धुन बह रही थी।

काउंटर के पास वही महिला मुस्कुराकर उसे देख रही थीं।

उन्होंने बिना कुछ पूछे उसके सामने एक कप रख दिया,

जिसमें Ice टी की ठंडक महसूस हो रही थीं।

आरव ने हैरानी से पूछा,

"ये क्या है?"

महिला बोलीं,

"क्षमा की ice टी"

उन रिश्तों के लिए, जो बोल नहीं पाते,

पर फिर भी दिल में ज़िंदा रहते हैं।

एक-एक घूँट धीमे-धीमे, अपने अंदर की आवाज़ को सुनते हुए पीना|

वो मुस्कुराईं और चली गईं।

आरव ने Ice टी का पहला घूँट लिया —

एक मीठी, हल्की सी कड़वाहट जीभ पर ठहरी और उसी क्षण,

सामने का दृश्य धुंधला पड़ने लगा,

जैसे समय पीछे लौट गया हो।

वह छोटा बच्चा था,

जो बारिश में भीगकर घर लौटा था

और पापा ने गुस्से में कहा था, “कपड़े भी नहीं बदल सकते?”

वो किशोर था,

जो अपने स्केचबुक में कुछ बनाता रहता था

और पापा बोलते थे, “ये सब बेकार है, पढ़ाई पर ध्यान दो।”

आरव की आँखें भर आईं।

उसने महसूस किया — पापा का सख्त चेहरा और उस चेहरे के पीछे छिपा तनाव, संघर्ष और जिंदगी की लड़ाई|

पापा सख़्त नहीं बनना चाहते थे, लेकिन शायद उन्हें लगता था कि नरमी से मेरा भविष्य कमजोर पड़ जाएगा।

हर स्मृति उसके सामने उभर रही थी और उसके पीछे छिपा था “एक अनकहा प्यार”।

महिला पास आईं और बोलीं,

“कभी-कभी हमारे माता-पिता हमें उतना प्यार नहीं दे पाते,

जितना हम उम्मीद करते हैं क्योंकि उन्होंने खुद भी कभी उसे महसूस नहीं किया होता।

उनकी सख़्ती प्यार की कमी नहीं थी...

क्योंकि उनके लिए प्यार का मतलब ही तुम्हें मजबूत बनाना था, कमजोर नहीं।''

आरव को महसूस होने लगा कि शायद प्यार तो वहाँ था... बस कभी शब्दों में नहीं, कभी एक झप्पी में नहीं।

अगले घूँट के साथ उसकी आँखें फिर नम हो गईं।

भीतर से एक आवाज़ आई —

“शायद पापा को प्यार जताना नहीं आता था...

शायद उनकी चुप्पी में भी चिंता थी, जिसे मैंने कभी समझा ही नहीं।”

उसने महसूस किया कि वर्षों का दर्द पिघलने लगा है।

उसने मन ही मन कहा,

“पापा, मैं अब समझ गया हूँ।

आप गलत नहीं थे... बस हम दोनों बोल नहीं पाए।”

चाय ख़त्म होते-होते, आरव के भीतर कुछ बदल चुका था।

उसने गहरी साँस ली

और जैसे भीतर से एक बोझ उतर गया।

उसने आँखें बंद की और पहली बार “क्षमा करना” शब्द बिना प्रयास के भीतर से निकला।

जब उसने आँखें खोलीं —

वो अकेला सड़क पर खड़ा था।

कैफे कहीं नहीं था,

बस हवा में वही ठंडक और महक बाकी थी।

और सामने था एक नया रिश्ता - अपने पापा के साथ|

वो मुस्कुराया — जैसे भीतर कोई दरवाज़ा खुल गया हो,

जो बरसों से बंद था।

अब बस उसे एक ही बेचैनी थी, घर पहुँचकर पापा का हाथ पकड़ना, और बिना कुछ कहे, सब कुछ कह देना।

हीलिंग मंत्र:

कभी-कभी क्षमा सामने वाले के लिए नहीं,

अपने भीतर के उस बच्चे के लिए होती है जो अब भी प्यार की प्रतीक्षा में है।

जो चुप्पी सालों से दिल में जमी हो,

वो एक सच्चे संवाद से पिघल जाती है।

हर रिश्ता तब तक बोझ रहता है, जब तक चुप्पी पिघल न जाए।

मैं अपनी चुप्पी को प्रेम से पिघलाता/पिघलाती हूँ और अतीत की दीवारों को क्षमा से ढहाता/ढहाती हूँ।

आत्म चिंतन:

1. क्या मैं किसी रिश्ते में अब भी अनकही चुप्पी ढो रहा/रही हूँ?

2. क्या मै किसी दर्द को अपने दिल में बोझ बनाकर रखे/रखी हूँ?
3. क्या मैंने कभी क्षमा की ice टी खुद के लिए बनाई है?
4. क्या मैं क्षमा की ice टी से वो बोझ उतार कर अपनी आत्मा को ठंडक का एहसास करा सकता/सकती हूँ?

| अध्याय 7 |

एक कप सुकून की कॉफ़ी

"सफलता की सबसे ऊँची चोटी भी अधूरी है,
अगर भीतर सुकून और ठहराव न हो।"

कभी-कभी इंसान इतनी भागदौड़ में लगा रहता है कि उसे याद ही नहीं रहता... आखिर वो भाग क्यों रहा है।

अर्जुन भी उसी दौड़ का हिस्सा था।

कॉर्पोरेट दुनिया का एक चमकता चेहरा —

हर रोज़ नई मीटिंग, नई डील, नई कामयाबी।

पर हर रात...

एक गहरा, अजीब-सा खालीपन।

जैसे जीत के शोर के पीछे कोई अनसुना सन्नाटा छिपा हो।

उस रात जब शरीर ने थककर जवाब दे दिया और मन भी हाँफने लगा,

तो अर्जुन खुद से भाग नहीं सका।

वो अपने ही कमरे से बाहर निकल आया।

सड़कें सुनसान थीं, मगर भीतर की दौड़ अब भी जारी थी।

कदम अनजाने मोड़ तक जा पहुँचे।

वहाँ एक दरवाज़ा था,

लकड़ी का, पुराना-सा, मगर भीतर से हल्की रोशनी झाँक रही थी।

ऊपर लिखा था:

“सेल्फ हीलिंग कैफे”

अर्जुन ने अपने माथे पर हाथ फेरा।

“मैं कोई सपना देख रहा हूँ क्या?”

लेकिन भीतर से किसी ने कहा,

“बस एक बार दरवाज़ा खोल ले।”

उसने दरवाज़ा खोला।

भीतर हल्की रोशनी थी,

पीछे धीमी जैज़ धुन बज रही थी,

और हवा में ताज़ी ब्रू की महक।

काउंटर पर वही महिला थीं,

जिनकी मुस्कान में ऐसा ठहराव था

मानो उन्होंने ज़िंदगी की भागदौड़ को

धीरे से अपने हाथों में पकड़कर

उसे शांत करना सीख लिया हो।

वो अर्जुन को देखकर मुस्कराईं और कहा,

“तुम आ गए बेटा, आओ बैठो, यहाँ तुम्हें वही मिलेगा, जिसकी तुम्हारी आत्मा को ज़रूरत है।”

कुछ मिनटों बाद उनके हाथ में एक सिरेमिक कप था।

कप से हल्की भाप उठ रही थी,

गर्म और सुकून भरी।

“ये कौन-सी कॉफ़ी है?” अर्जुन ने पूछा।

“सुकून की कॉफ़ी,” महिला बोलीं।

“इसे जल्दी-जल्दी नहीं पीते...

हर सिप के साथ अपने भीतर उतारते हैं।”

अर्जुन ने पहला सिप लिया।

उसकी आँखें अपने आप बंद हो गईं।

ऐसा लगा, जैसे भीड़भाड़ के बीच कोई उसका हाथ पकड़कर कह रहा हो, “बस, रुक जाओ।”

दूसरा सिप...

उसके कंधों से कोई अदृश्य बोझ उतर गया।

तीसरा सिप...

उसके भीतर किसी बच्चे की धीमी हँसी गूँज उठी।

महिला ने धीरे से कहा,

“ज़िंदगी भागने का नहीं... जीने का नाम है।”

अर्जुन की आँखों से आँसू निकल आए।

“पर... मैं कैसे रुकूँ?”

उसने टूटे स्वर में पूछा।

महिला फिर मुस्कराईं,

“जैसे साँसें रुक-रुक कर चलती हैं...

जैसे समुद्र भी हर लहर के बाद शांत हो जाता है...

तुम भी रुक सकते हो।

रुकना हार नहीं है, बेटा।

रुकना तो आत्मा की गवाही है कि तुमने खुद को सुना।

जो रुकना जानता है, वही सबसे लंबी दूरी तय करता है।

और जो भीतर से शांत हो जाए...

उसके सामने दुनिया झुक जाती है|”

अर्जुन ने सर झुका लिया|

“जीवन दौड़ नहीं है”- वो बोलीं,

“यहाँ पहुचना जरूरी नही है, महसूस करना जरूरी है|

सूरज हर सुबह जल्दी नहीं निकलता, मगर हमेशा निकलता है|

तुम्हें भी देर नहीं होगी... बस थोड़ा ठहर जाओ|"

अर्जुन ने आखिरी सिप लिया।

उसका मन अब हल्का था।

भीतर केवल एक प्रश्न बचा था:

'मैं क्यों भाग रहा था?'

वह उठकर बोला, "कितना देना है?"

महिला ने उसके कंधे पर हाथ रख कर धीमे से कहा,

"यहाँ कीमत नहीं होती।

बस एक वादा करो —

जब भी तुम्हारे पास कोई थका हुआ आए,

उसे भी रुकने देना।

उसे भी ये 'एक कप सुकून की कॉफ़ी' देना।"

अर्जुन ने दोनों हाथ जोड़ लिए।

वो बाहर निकला।

आसमान नीला था, तारों से सजा हुआ।

चाँद ऐसे मुस्कुरा रहा था, जैसे कह रहा हो — 'अब तू समझ गया।'

पीछे मुड़कर देखा — वो दरवाज़ा कहीं नहीं था।

पर अब अर्जुन के भीतर एक दरवाज़ा खुल चुका था।

जिस पर लिखा था —

"ज़िंदगी दौड़ नहीं, एक शांत सफ़र है... धीरे-धीरे चलेंगे तो ये सफर आराम से तय हो जाएगा।"

हीलिंग मंत्र:

मैं अपने भीतर की शांति को अपनाता/अपनाती हूँ|

मै अपनी थकान और बेचैनी को प्रेम औऱ समझ के साथ महसूस करता/करती हूँ|

मै ठहर कर जीना और अपने भीतर की आवाज़ को सुनना पसन्द करता/करती हूँ|

शांति, संतुलन और आत्म स्वीकृति मेरे भीतर स्वाभाविक रूप से मौजूद हैं।

आत्म चिंतन:

1. क्या मै अपने भीतर की आवाज़ और भावनाओं को सुनने के लिए समय निकालता/निकालती हूँ?
2. कौन से ऐसी आदतें या विचार हैं, जो मुझे थकान और बेचैनी देते है?
3. क्या मै आज एक छोटा सा कदम उठा सकता/सकती हूँ, जो मुझे भीतर की शांति के और करीब ले जाए?

अध्याय 8

सपनों का काहवा

> *"भविष्य उनका है जो अपने सपनों की सुंदरता*
> *में विश्वास करते हैं।"*
> ***– एलेनोर रोसवैल्ट***

कभी आज हल्की सी धूप बादलों के बीच से ऐसे झिलमिला रही थी, जैसे कोई नन्हा सपना लंबे समय बाद धीरे से आँखें खोल रहा हो।

स्वाति ऐसे ही मौसम में पार्क के एक पुराने बेंच पर जाकर बैठ गई।

बाहर सब शांत था, पर उसके भीतर कोई तूफ़ान था जो उसे बेचैन करता रहता था।

तभी उसकी नजर सामने लगे एक साइनबोर्ड पर गई:

"सेल्फ हीलिंग कैफे"

वो जैसे अनजाने ही खिंच गई। उसके कदम अनायास ही कैफे के दरवाज़े की ओर बढ़ गए और भीतर प्रवेश करते ही काउन्टर पर बैठी महिला ने उसे गौर से देखा —

लगभग 40 वर्ष की,
सादी सूती साड़ी में,
चेहरे पर हल्की थकान,
पर आँखों में एक गहरी चमक,

जैसे कहीं भीतर कोई भूला हुआ सपना अब भी सांस ले रहा हो।

स्वाति चुपचाप किनारे की कुर्सी पर बैठ गई!

महिला ने स्वाति की आँखों में झांकते हुए कहा,

"आज मैं तुम्हें **'सपनों का काहवा'** पिलाती हूँ,

जो तुम्हें याद दिलाएगा कि तुम अब भी बहुत कुछ कर सकती हो|"

धीरे-धीरे स्वाति अपने भीतर उतरने लगी और अपने अंतर्मन में झांकने लगी।

उसे महसूस हुआ कि उसकी ज़िंदगी तो सिर्फ घर, बच्चों और जिम्मेदारियों के बीच ही रह गई है।

कभी वह फैशन डिज़ाइनर बनना चाहती थी।

कपड़ों पर कढ़ाई करना... रंगों को मिलाना...

इन सबमें उसे वो खुशी मिलती थी जो अब कहीं खो गई थी।

शादी हुई, बच्चे हुए और वो सपना अलमारी में रखे पुराने सूट की तरह बस पड़ा रह गया।

उधर वो महिला केसर और दालचीनी की खुशबू वाला गर्म काहवा तैयार कर रही थीं,

जिसमें गुलाब की पंखुड़ियाँ डालते हुए बोलीं — "पुराने सपनों को नए रंग देने के लिए थोड़ा सा प्यार,

थोड़ी सी खुशबू और थोड़ा सा विश्वास ही काफी होता है।"

फिर उन्होंने कप उसके सामने रखते हुए कहा,

"क्या तुम जानती हो?

सपने कभी मरते नहीं,

वो बस थोड़ा सा इंतज़ार करते हैं।

और जब तुम उन्हें दोबारा छूती हो,

वो नए रंगों से खिल उठते हैं।"

स्वाति की आँखें भर आईं।

वो धीरे से बोली,

"लेकिन... अब उम्र निकल गई है। कैसे कर पाऊँगी?"

महिला ने धीरे से उसका हाथ थामा,

"सपनों की कोई उम्र नहीं होती।

ज़रूरी नहीं कि तुम बड़ा ब्रांड खड़ा करो।

शुरुआत बस एक छोटे से रुमाल से करो...

जिस पर तुम अपने हाथों से कुछ कढ़ाई कर दो।

फिर देखना... वो रुमाल तुम्हारे दिल को खुशियों से कैसे भरता है।

उसके बाद वही रुमाल एक बैग बनेगा,

बैग से एक छोटा-सा आर्डर आएगा

और एक दिन...

तुम्हारे सपनों का घर सचमुच खड़ा हो जाएगा।"

स्वाति मुस्कुरा दी,

"आपके शब्द... पुराने धागों में जान डाल रहे हैं।"

महिला ने कहा,

"बस पहला टांका लगाना तुम्हारा काम है,

बाकी सिलाई अपने आप होती जाएगी।"

स्वाति उठी और जाते-जाते बोली,

"आज मैं घर जाकर अपनी अलमारी खोलूंगी,

वो पुरानी एम्ब्रॉयडरी की किट निकालूँगी...

और पहला टांका जरूर लगाऊंगी।

शुक्रिया... मुझे मेरे सपनों की फिर से याद दिलाने के लिए!"

वो बाहर निकली तो धूप थोड़ी और चमक रही थी।

पीछे मुड़ कर देखा तो कैफे कहीँ नहीं था,

पर उसे कोई हैरानी नहीं हुई, क्योंकि कैफे भले ही गायब हो गया था, लेकिन उसके सपने अब उसके सामने उजली राह बनकर खड़े थे।

हीलिंग मंत्र:

मेरे सपनों की उम्र नहीं है।

मैं उन्हें फिर से जी सकता/सकती हूँ।

मैं एक छोटे कदम से शुरू कर सकता/सकती हूँ।

आत्म चिंतन:

1. क्या कोई ऐसा सपना है, जिसे मैंने जिम्मेदारियों के नीचे दबा दिया है?
2. क्या मैं आज एक छोटा-सा कदम उठाकर उसे फिर से जीवित कर सकता/सकती हूँ?
3. क्या मैं अपने आप पर दोबारा भरोसा करने के लिए तैयार हूँ?

अध्याय 9

कड़वी तुलना की गुड़ वाली चाय

> *"अपनी तुलना दूसरों से मत करो; अपनी तुलना उस व्यक्ति से करो जो तुम कल थे।"*
>
> ***– जॉर्डन पीटरसन***

शाम ढल चुकी थी।

सुमन घर लौट रही थी — थकी हुई, भीतर से कुछ बुझी-बुझी सी।

बाहर हल्की फुहार उसके बालों को छू रही थी और सड़क के किनारे पीली लाइटों के नीचे धुंध का घेरा बन रहा था।

वो चलती जा रही थी,

पर उसका मन जैसे पीछे के बरसों में लौटता जा रहा था —

बचपन, घर और वो एक ही नाम जो हर तारीफ़ में गूंजता था —

"रोहन।"

रोहन और सुमन,

दोनों भाई-बहन में सिर्फ दो साल का फर्क था।

बचपन में दोनों हर चीज़ साथ करते — खेलना, होमवर्क करना, टीवी देखना, चॉकलेट बाँटना, इत्यादि।

पर जब भी कुछ अच्छा होता,

मम्मी पापा की नज़र सिर्फ रोहन पर टिकती।

“वाह बेटा, तुम तो कमाल हो!”

“रोहन तो बहुत होशियार है।”

“सुमन, तुम भी उससे थोड़ा सीखो।”

हर बार ये वाक्य एक तीर की तरह सुमन के दिल में उतरते,

पर वो चुप रह जाती —

मुस्कान के पीछे अपने मन की चोट छिपा लेती।

धीरे-धीरे उसे लगने लगा,

वो चाहे कितनी भी मेहनत कर ले,

वो कभी ‘काफ़ी अच्छी’ नहीं हो सकती।

साल गुज़रते गए।

रोहन आगे बढ़ता गया -

बड़ा कॉलेज, बड़ी नौकरी और घर भर में गर्व, उत्साह, जश्न।

और सुमन?

वो भी कम मेहनती नहीं थी —

अपनी मास्टर्स की पढ़ाई करते हुए बच्चों को पढ़ाती थी,

पर उसकी उपलब्धि घर में कभी “बड़ी” नहीं मानी गई।

जब भी किसी मेहमान के सामने रोहन की तारीफ़ होती,

सुमन की मुस्कान थोड़ी मायूस हो जाती।

मन ही मन कहती,

“काश... एक बार कोई मेरे लिए भी तारीफ के दो बोल बोलता।”

वक्त ने करवट बदली —

सुमन की शादी हो गई।

उसने सोचा था कि शायद अब वो तुलना से मुक्त होगी,

पर किस्मत को जैसे अभी भी उसकी परीक्षा लेनी थी।

ससुराल में एक नई तुलना उसका इंतज़ार कर रही थी —

"देखो, ननद ने तो इतनी जल्दी सब संभाल लिया।"

"पड़ोस की बहू कितनी समझदार है।"

"तुम्हारी जेठानी कितनी संस्कारी है..."

हर दिन एक नया मापदंड,

हर शाम एक नया तंज़, एक नई तुलना।

यहाँ तक कि उसका पति भी कई बार कह देता,

"थोड़ा मेरी भाभी से सीखो, वो सब कैसे संभाल लेती हैं।"

सुमन बाहर से चुप रहती,

पर भीतर हर शब्द किसी पुराने ज़ख्म को कुरेद देता।

उसे लगता, चाहे मायका हो या ससुराल,

तुलना ने जैसे उसका पीछा कभी छोड़ा ही नहीं।

उस शाम जब वह ऑफिस से निकली,

तो मन में वही भारीपन था।

ऑफिस में किसी और की तारीफ़ हुई थी

और उसने महसूस किया कि

तुलना अब भी उसके आसपास मंडरा रही है, बस चेहरे बदल गए हैं।

बारिश तेज़ हो रही थी।

वो सड़क किनारे खड़ी होकर ऑटो का इंतज़ार करने लगी।

अचानक उसकी नज़र सामने पड़ी — "**सेल्फ हीलिंग कैफे**"

वो ठिठक गई।

पहले कभी इस सड़क पर ऐसा कैफे नहीं देखा था।

पर उसके अंदर एक अजीब खिंचाव उठा —

जैसे कोई अदृश्य शक्ति कह रही हो,

"अब वक्त है अपनी कड़वाहट को मिठास में बदलने का।"

वो अंदर गई —

गर्माहट भरी रोशनी,

हल्की दालचीनी की खुशबू

और धीमा-सा संगीत|

कैफे में महिला ने आत्मीयता से उसका स्वागत किया।

"तुम थकी हुई लग रही हो।

बैठो, तुम्हारे लिए एक खास चाय का प्याला लाती हूँ,

'कड़वी तुलना की गुड़ वाली चाय।'"

सुमन हल्के से मुस्कुराई, "ये नाम थोड़ा अजीब है..."

महिला ने कहा, "हाँ, क्योंकि कई बार जो हमें सबसे ज़्यादा कड़वाहट देता है, वही हमें सबसे गहरी सीख भी देता है।"

वो बैठी रही।

महिला ने प्याला लाकर उसके सामने रखा|

उसने पहला घूँट लिया —

गर्म, मीठा और अजीब-सा सुकून देने वाला।

जैसे वह चाय उसकी पुरानी चोटों पर मरहम बन रही हो।

अचानक उसके भीतर पुरानी आवाज़ें उठीं —

“रोहन को देखो, वो कितना आगे है।”

“ननद को देखो, वो सब कैसे करती है।”

“तुम्हें और कोशिश करनी चाहिए, सुमन।”

उसकी आँखें भरने लगी|

महिला ने उसके सिर पर हाथ रखकर कहा,

“सुमन, तुलना का ज़हर बाहर से नहीं आता।

वो भीतर से उगता है,

जब हम दूसरों की कहानी में अपनी कीमत ढूँढने लगते हैं।

हर आत्मा की अपनी यात्रा होती है,
कोई तेज़ चलता है, तो कोई गहराई से।
और यकीन मानो दोनों का सफ़र सुंदर है।"
सुमन ने दूसरा घूँट लिया -
उसकी आँखों से आँसू ढलकने लगे,
महिला ने समझाया -
"जो खुद को दूसरों से तोलता है,
वो अपनी मिठास खो देता है।
पर जो अपनी पहचान अपनाता है,
वो हर तुलना के दर्द को खुशी में बदल लेता है|"
सुमन धीरे से बोली,
"मैंने ज़िंदगी भर खुद को कम आँका...
कभी भाई से,
कभी ननद से,
कभी दोस्तों से,
कभी पति की उम्मीदों से।
पर आज पहली बार लग रहा है —
शायद मुझमें भी कोई रोशनी है,
बस मैंने उसे कभी देखा नहीं।"
अब आंसुओं की जगह होठों पर शांति की हल्की मुस्कान थी।
"अब मैं समझ गई," उसने कहा,

"दूसरों की चमक उनकी है,
मेरी रोशनी मेरी।
मेरा जीवन किसी तुलना से नहीं,
मेरी अपनी खुशबू से महकेगा।
बहुत हुआ, अब मैं अपने आप का बेस्ट वर्जन बनूँगी।"
जब वो बाहर निकली,
बारिश थम चुकी थी।
आसमान में चाँद, बादलों के बीच से झाँक रहा था
और सड़क पर वह बोर्ड धीरे-धीरे मिटता जा रहा था,
जैसे वो कैफे बस उसके भीतर तक आने के लिए ही प्रकट हुआ था।
उसके मन में अब कोई कड़वाहट नहीं थी,
सिर्फ आत्मस्वीकृति की मधुरता थी।

हीलिंग मंत्र:

मैं अब खुद को किसी से नहीं तोलती/तोलता।
मेरी कहानी मेरी है —
और मैं अपनी मिठास से भरपूर हूँ।

आत्म चिंतन:

1. क्या मैं अब भी किसी रिश्ते या तुलना के बोझ में खुद को खो रहा/रही हूँ?
2. क्या दूसरों की चमक देखकर मैं अपनी रोशनी को छोटा मान लेता/लेती हूँ?

3. क्या आज मैं खुद को वैसे ही स्वीकार कर सकता/सकती हूँ, जैसे मैं हूँ, अनोखी/अनोखा, अपूर्ण और फिर भी सुंदर?

अध्याय 10

आभार की गर्म चाय

"आभार अगर जताया न जाए, तो वो ऐसा तोहफ़ा है जिसे सजाकर भी किसी तक पहुँचाया नहीं गया।"

– विलियम आर्थर वार्ड

अर्पिता की ज़िन्दगी में सब कुछ था —

एक सुंदर घर, एक अच्छी नौकरी, एक प्यारा परिवार।

लेकिन इन सबके बावजूद, उसकी मुस्कान दिन-ब-दिन हल्की होती जा रही थी।

उसका ध्यान हमेशा उन चीज़ों पर रहता, जो उसके पास नहीं थीं।

उसे बड़ा घर चाहिए था, बड़ा पद, ज्यादा सुविधाएँ और हमेशा कुछ "और बेहतर"...

शिकायतें धीरे-धीरे उसके दिल में घर करते जा रही थीं।

एक शाम ऑफिस से लौटते समय,

उसकी कार अचानक एक अनजान गली में खराब हो गई।

फोन में नेटवर्क नहीं था, अंधेरा गहराता जा रहा था और साथ ही उसकी घबराहट बढ़ती जा रही थी।

इसी बेचैनी के बीच उसे वही लकड़ी का छोटा-सा दरवाज़ा दिखाई

दिया, हल्की सुनहरी रोशनी से चमकता हुआ:

“सेल्फ हीलिंग कैफे''

वो थकी हुई थी। बिना ज़्यादा सोचे बस दरवाज़ा खोलकर अंदर चली गई।

अंदर वही हल्की-सी घंटी, वही सुकूनभरा माहौल और वही महिला,

जिनकी मुस्कान में ऐसी नरमी थी कि कैसी भी थकान हो ख़ुद-ब-ख़ुद उतर जाती।

महिला मुस्कुराकर बोलीं,“आज तुम्हारे लिए है —

‘आभार की गर्म चाय’।”

अर्पिता चुपचाप बैठ गई।

कुछ देर बाद महिला नींबू, शहद और एक अजीब-सी कोमल मिठास वाली चाय लेकर आईं।

चाय की खुशबू कमरे में फैलते ही अर्पिता के अंदर हल्की गर्माहट उतर गई।

पहली चुस्की लेते ही वह ठहर-सी गई।

उसे अचानक बचपन की याद आ गई|

वो बुदबुदाने लगी, “ये स्वाद... माँ बिलकुल ऐसी ही चाय बनाती थीं|”

फिर जैसे अचानक मन खुल गया,

“जिंदगी की भागदौड़ में कितना कुछ छूट गया...

अब तो बस काम का तनाव,

सोसाइटी में स्टेटस का दबाव,

सबसे आगे रहने की रेस...

कभी-कभी लगता है जैसे ईश्वर ने सुकून ही नहीं दिया जिंदगी में।''

महिला ने ध्यान से उसकी सारी बातें सुनी|

फिर हल्की सी मुस्कान के साथ बोलीं,

"अगर तुम चाहो तो मैं तुम्हें एक छोटा-सा खेल सिखा सकती हूँ |

बस इस चाय की हर घूँट के साथ एक चीज़ याद करो

जो तुम्हारे पास है और उसके लिए ईश्वर का आभार व्यक्त करो|

चीजें छोटी हों या बड़ी... फर्क नहीं पड़ता।"

अर्पिता ने झिझकते हुए धीरे से चाय का घूँट लिया।

उसके मन में पहली बात उठी, "मैं आज भी ईश्वर की बनाई इस खूबसूरत दुनिया में एक और दिन देख पा रही हूँ।"

दूसरी चुस्की के साथ,

उसके मन में वो सब बातें आने लगीं

जो उसने कभी सराही ही नहीं थी —

बच्चों की हँसी,

सुबह की सूरज की किरण,

माँ के हाथ का बना हुआ खाना,

बारिश में मिट्टी की खुशबू।

तीसरी चुस्की लेते ही उसकी आँखें भर आईं —

उसे पहली बार महसूस हुआ कि उसके पास कितना कुछ था!

लेकिन उसकी नजरें हमेशा अधूरी ख्वाहिशों पर केंद्रित रहती थी।

धीरे-धीरे, हर घूँट के साथ उसका चेहरा नरम होने लगा।

मानो उसके भीतर धीरे-धीरे एक उजाला उतर रहा हो। उसके होंठों पर एक हल्की, सच्ची मुस्कान आ गई।

महिला पास आईं, उसका हाथ थामते हुए बोलीं,

"छोटी-छोटी खुशियाँ ही असल में सबसे बड़ी दौलत होती हैं।

हर दिन तुम्हें ये दौलत मिलती है, बस तुम उसे गिनती नहीं हो।"

फिर उन्होंने एक और गहरी बात कही — "आभार सबसे गुप्त चमत्कार है।

जिसके पास कुछ भी नहीं होता, वो भी जब आभार के भाव में रहता है, तो उसके पास दुनिया भर की दौलत आ जाती है|"

"कैसे?" अर्पिता ने पूछा|

महिला मुस्कुराईं, "क्योंकि आभार तुम्हारा मन खोल देता है|

और एक खुला हुआ मन ब्रह्मांड का सबसे बड़ा चुंबक होता है|

तुम जितना आभार व्यक्त करोगी,

ब्रह्मांड तुम्हें उतना ही और देगा।

और अगर तुम कृतज्ञता से दूर रहोगी...

तो जो है वो भी चला जाएगा।"

अर्पिता ने चाय का आखिरी घूँट लिया|

इस बार चाय नहीं, उसके भीतर शांति उतर रही थी।

वो उठी, महिला को धन्यवाद कहा और गहरी सांस लेते हुए बाहर चली गई।

बाहर आसमान में तारे टिमटिमा रहे थे।

वो मुस्कुराई - आज पहली बार उसे ये तारे इतने साफ़ दिखाई दे रहे थे।

सेल्फ हीलिंग कैफे कहीं भी नजर नहीं आ रहा था,

लेकिन उसके भीतर अब एक नई आदत जन्म ले चुकी थी:

हर दिन की छोटी-छोटी खुशियों को महसूस कर ईश्वर का आभार व्यक्त करने की।

हीलिंग मंत्र:

आज से मैं छोटी-छोटी खुशियों को देखूँगा/देखूँगी,

उन्हें संजोऊँगा/संजोऊँगी और उनका आभार प्रकट करूँगा/करूँगी।

आत्म चिंतन:

1. क्या आप अपने जीवन की छोटी-छोटी खुशियों को सच में नोटिस करते हैं?
2. क्या आप ईश्वर का आभार व्यक्त करते हैं हर उस चीज़ के लिए जो आपको मिली हैं?

3. हर दिन कम से कम पांच ऐसी चीज़ें लिखिए, जिनके लिए आप आभारी हैं।

अध्याय 11

धैर्य की चाय

> *"धैर्य हर मुश्किल का सबसे अच्छा इलाज है।"*
> ***– प्लॉटस***

कभी-कभी रिश्ते टूटते नहीं,

बस थक जाते हैं...

क्योंकि दोनों ओर सुनने वाला कोई नहीं होता,

हर कोई बस "सही" होने की कोशिश में लगा होता है

और इस दौरान "समझदारी" कहीं खो जाती है।

नीरा की ज़िंदगी इन दिनों ठीक वैसी ही थी —

थकी हुई, उलझी हुई और शिकायतों से भरी।

वो अपनी 16 साल की बेटी, तन्वी से लगभग हर दिन किसी न किसी बात पर भिड़ जाती —

कपड़े, मोबाइल, दोस्त, पढ़ाई...

हर विषय एक नया युद्ध बन चुका था।

नीरा सोचती रहती,

"हमारे ज़माने में तो हम माँ-बाप की इज़्ज़त करते थे।

ये आजकल की पीढ़ी तो कुछ सुनती ही नहीं!"

और तन्वी के मन में चलता रहता,

"माँ को मेरी बात कभी समझ ही नहीं आती,

उन्हें बस अपनी ही बात मनवानी है..."

दोनों एक ही छत के नीचे रहती थीं,

पर उनके बीच जैसे कई दीवारें थीं,

जो हर झगड़े के बाद और ऊँची हो जातीं।

उस दिन झगड़ा कुछ ज़्यादा ही बढ़ गया था।

तन्वी ज़ोर से दरवाज़ा पटककर बाहर निकल गई

और नीरा सोफ़े पर बैठी आँखों में आँसू लिए सोचती रही,

"क्या सच में मैंने अपनी बेटी को खो दिया है?"

वो बिना कुछ सोचे, बिना दिशा के घर से निकल पड़ी,

बस थोड़ा अकेलापन बाँटने के लिए।

सड़क के मोड़ पर उसकी नज़र एक पुराने से साइनबोर्ड पर पड़ी —

"सेल्फ हीलिंग कैफे"

वो रुकी।

"अजीब नाम है... लेकिन कुछ तो खींच रहा है।"

वो धीरे से अंदर चली गई।

अंदर चाय की हल्की-हल्की खुशबू आ रही थी,

धीमा संगीत और हवा में सुकून का स्पर्श।

जैसे किसी ने पूरे कमरे में कोमलता भर दी हो।

काउंटर पर वही महिला थीं —

जिनकी आँखों में जैसे लोगों की आत्मा को पढ़ लेने की ताक़त थी।

उन्होंने नीरा को देखा, मुस्कुराईं और एक प्याला उसकी ओर बढ़ाते हुए बोलीं,

“ये लीजिए... **धैर्य की चाय**।”

नीरा ने आश्चर्य से पूछा, “क्या ये मेरे लिए है?”

“हाँ,” महिला बोलीं,

“शिकायतों में उबाल ज़्यादा होता है...

और समझ व धैर्य में मिठास।”

नीरा मुस्कुराई नहीं, बस चुपचाप कप हाथ में ले लिया।

पहला घूँट जैसे ही उसके गले से उतरा,

तो भीतर दबा एक पुराना कोना खुलने लगा।

अचानक उसे वो दिन याद आ गए

जब तन्वी छोटी थी,

बारिश में भीगकर हँसती हुई घर आती थी

और नीरा उसे झिड़कते हुए तौलिया देती थी,

पर अंदर ही अंदर मुस्कुराती थी।

उसे वो रातें याद आईं

जब तन्वी को डर लगता था

और वो उसे गोद में लेकर कहती,

"माँ है न..."

अब वही बच्ची उससे दूर हो रही थी और उसका अपना दिल भी कहीं खाली पड़ चुका था।

नीरा की आँखों में आँसू थे।

"कब मेरी छोटी-सी बच्ची मुझसे इतनी दूर हो गई?"

वो बुदबुदाई।

महिला ने धीरे से कहा,

"वक़्त बदलता है, बच्चे नहीं।

वो वही हैं, बस अब वो चाहते हैं

कि तुम उन्हें सुनो, परखो नहीं।"

नीरा ने गहरी साँस ली।

"पर मैं तो सिर्फ़ सही करना चाहती हूँ..."

महिला मुस्कुराईं,

"कभी-कभी 'सही' होने की जगह 'समझदार' और 'धैर्यवान' होना ज़रूरी होता है।

धैर्य वो चाय है जो रिश्तों को ठंडा नहीं,

गर्म और मीठा रखती है।"

चाय खत्म होते-होते नीरा के भीतर का भार हल्का हो गया था।

वो बाहर निकली,

जैसे किसी ने दिल पर से कोई बोझ उतार दिया हो।

पर पीछे मुड़कर देखा तो कैफे कहीं नहीं था।

घर लौटकर वह तन्वी के कमरे में गई।

तन्वी हेडफ़ोन लगाए, कुछ स्केच बना रही थी।

नीरा धीरे से उसके पास बैठ गई और बोली,

"तू तो बहुत अच्छा ड्रॉ करती है...

एक दिन मुझे भी सिखा दे?"

तन्वी ने पहले तो कुछ नहीं कहा,

फिर धीरे-धीरे मुस्कराई।

"सच में माँ? आप सीखेंगी?"

नीरा बोली,

"हाँ बेटा, आज मुझे समझ में आया...

माँ को भी बच्चों को सुनना और समझना चाहिए।

ज़रूरी नहीं कि हमेशा माँ ही बच्चों को सिखाए, बच्चे भी माँ को बहुत कुछ सिखा सकते हैं।"

दोनों ने एक-दूसरे की ओर देखा,

और बरसों बाद दोनों के चेहरे पर फिर से एक जैसी मुस्कान लौट आई।

हीलिंग मंत्र:

मैं सही नहीं, धैर्य और समझदार बनना चुनती/चुनता हूँ
क्योंकि धैर्य और समझ से ही रिश्तों में प्यार फिर से बहता है।

आत्म चिंतन:

1. क्या मैं अपने रिश्तों में सुनने की बजाय जवाब देने की जल्दी में हूँ?
2. क्या मैं अपने बच्चे, साथी या माता-पिता को सच में समझने की कोशिश करती/करता हूँ?
3. क्या मैं आज अपने दिल में एक कप 'धैर्य की चाय' उबाल सकती/सकता हूँ?

अध्याय 12

दूसरी शुरुआत की चाय

> *"नई शुरुआत करने के लिए जिंदगी नहीं बदलनी पड़ती,*
> *बस नज़रिया बदलना होता है।"*

संध्या ढल चुकी थी।

चिरागों की रोशनी शहर की खामोशी में घुल रही थी।

श्वेता घर की बाल्कनी में खड़ी थी -

थकी हुई, उलझी हुई और भीतर से बोझिल।

उसकी आँखों में थकान थी,

पचास साल के जीवन की थकान।

उसके कानों में अब भी भाभी की आवाज़ गुंज रही थी,

"जिंदगी हर किसी को दूसरा मौका नहीं देती, श्वेता दीदी...

खुद अगर सामने से किसी ने प्रस्ताव दिया है तो ईश्वर की कृपा समझो...

इतना अच्छा लड़का, अच्छा घर-परिवार है...

हम सब बस चाहते हैं कि आप फिर से पहले की तरह खूब खुश रहो।"

श्वेता ने धीरे-से खुद से कहा,

"खुश?

मेरे दोनों बच्चे ही मेरी दुनिया हैं।

मैं फिर किसी रिश्ते में कैसे जाऊँ?

लोग क्या कहेंगे?

मेरे बच्चे क्या सोचेंगे?"

तभी सड़क के उस पार मोड़ पर अचानक उसे नजर आया —

"सेल्फ हीलिंग कैफे"

हल्की सुनहरी रोशनी में नहाया हुआ।

वो ठिठक गई।

"ये कैफे तो यहाँ कभी नहीं था..."

पर उसके भीतर जैसे किसी ने कहा, "चलते है..थोडी देर के लिए... |

वो अपनी कश्मकश को ओढ़े घर से बाहर निकल आयी|

कैफे के अंदर हल्की दालचीनी और गुड़ की महक थी।

कोमल संगीत बज रहा था।

दीवारों पर गर्म पीली रोशनी।

काउंटर पर वही शांत, मुस्कुराती महिला खड़ी थीं,

जिन्होंने सैंकड़ों आत्माओं के बोझ हल्के किए थे।

उन्होंने श्वेता को देखकर कहा, "तुम्हारी चाय तैयार है।

बैठो... मैं **'दूसरी शुरुआत की चाय'** लेकर आती हूँ।"

श्वेता सकपकाई—

"मैं कोई शुरुआत नहीं चाहती...

बस थोड़ी शांति चाहिए।"

महिला मुस्कुराईं—

“कभी-कभी शांति भी शुरुआत का दूसरा नाम होती है।”

वे चाय लेकर आईं,

मुस्कराते हुए कहा —

“जो नई शुरुआत से डरता है,

वो अक्सर अपने ही दिल की आवाज़ सुनना भूल जाता है।”

श्वेता की आँखें भर आईं।

वह टूटे स्वर में बोली,

“मैं शादी नहीं करना चाहती...

घरवाले हर दिन समझाते हैं... अकेले जीवन का सफर तय करना आसान नहीं होता,

पर मेरे दो बच्चे हैं...

मेरी दुनिया...

मेरी ज़िम्मेदारी।

अगर मैं दोबारा किसी को अपने जीवन में लाऊँ...

तो क्या वो उन्हें अपनाएगा? अगर उन्हें तकलीफ़ हुई तो?”

महिला शांत स्वर में बोलीं,

“श्वेता, समस्या किसी का आना नहीं है...

तुम्हारा डर है।

डर — कि कोई तुम्हारे बच्चों को न स्वीकारे।

डर — कि समाज बातें बनाएगा।

डर — कि खुशियाँ तुम्हें दोबारा अपनाने से इनकार कर देंगी।"

श्वेता की साँस अटक गई।

उसने पहली बार महसूस किया कि उसकी समस्या शादी नहीं, उसका अदृश्य डर था।

महिला ने आगे कहा,

"और एक सच और है...

तुम्हारे बच्चे सिर्फ तुम्हारी जिम्मेदारी नहीं,

तुम्हारा आधार हैं।

अगर तुम उनकी जगह होतीं...

तुम अपनी माँ को खुश रहने की अनुमति देती या रोकती?"

श्वेता की आँखें भर आईं।

उसने कभी इस तरह सोचा ही नहीं था।

महिला ने आगे कहा,

"पुनर्विवाह - अपने हृदय को दूसरी बार खिलने देने का नाम है।

कभी-कभी बच्चे हमें नहीं रोकते...

हम खुद ही अपने डर से रुक जाते हैं।"

श्वेता ने गहरी साँस ली।

उसने चाय का पहला घूँट लिया —

गरम, मीठा और अप्रत्याशित रूप से सुकून देने वाला।

महिला उसके बगल में बैठ गईं।

"एक बात याद रखना, बेटा... दूसरा विवाह शुरुआत नहीं,

आत्मा का पुनर्जन्म होता है।

अगर तुम अपने बच्चों को अपनी ज़िंदगी के सारे पल दे सकती हो,

तो थोड़े-बहुत पल खुद को भी दे सकती हो।"

श्वेता चाय का प्याला पकड़े हुए सोच में डूबी थी।

उसकी आँखों में एक ही सवाल तैर रहा था —

"मेरे बच्चे...

क्या उन्हें तकलीफ़ नहीं होगी?"

महिला ने उसकी ओर नर्म मुस्कान से देखा।

"श्वेता... तुम्हें क्या लगता है,

बच्चे सबसे ज्यादा किससे प्यार करते हैं?"

श्वेता ने हल्के से कहा,

"अपनी माँ से..."

महिला ने सिर हिलाया — “हाँ।

और वही बच्चे माँ की आँखों में थकान भी सबसे पहले देख लेते हैं।

तुम सोचती हो तुम्हारे बच्चे तुम्हें समझेंगे नहीं...

पर सच तो यह है —

वे तुम्हारे दर्द को सबसे ज़्यादा समझते हैं।”

श्वेता की उंगलियाँ प्याले पर कस गईं।

महिला आगे बोलीं,

“तुम हर दिन उनके लिए लड़ती हो,

उनके लिए त्याग करती हो...

पर क्या कभी सोचा —

तुम्हारी खुशी भी उनकी दुनिया का हिस्सा है”

श्वेता चौंक गई।

उसने कभी इस नज़रिए से देखा ही नहीं था।

महिला ने उसके हाथ पर अपना हाथ रखा।

“बच्चे माँ को बँधा हुआ नहीं देखना चाहते,

खिला हुआ देखना चाहते हैं।

उन्हें डर नहीं लगेगा अगर तुम दोबारा शादी करोगी...

उन्हें गर्व होगा कि उनकी माँ ने

अपने जीवन को एक और मौका दिया।”

श्वेता की आँखें भर आईं।

उस के दिल में हल्का-सा दर्द उठा...

और उसके साथ एक नई समझ।

महिला ने मुस्कुराते हुए कहा,

“मान लो, अगर तुम अपनी बेटी होती और उसने तुमसे कहा होता,

‘माँ, मैं डरती हूँ नई शुरुआत से...’ तो क्या तुम उसे रोकती

या उसका हाथ पकड़कर कहती, ‘मैं तेरे साथ हूँ?’”

श्वेता ने फुसफुसाकर कहा, “मैं उसे कभी नहीं रोकती...”

महिला मुस्कुराईं—

“तो तुम्हारे बच्चे भी तुम्हें कभी नहीं रोकेंगे, श्वेता।

वे तुम्हें सबसे ज़्यादा खुश देखना चाहते हैं।

और शायद...

तुम्हारी खुशी ही उनका सबसे बड़ा घर है।”

श्वेता की आँखों से आँसू बह निकले।

लेकिन इस बार ये आँसू दर्द के नहीं,

समझ के थे।

वो उठने लगी तो महिला ने आख़िरी बात कही,

“नई शुरुआत से मत डरना।

बच्चे माँ का बोझ नहीं,

माँ की ताक़त होते हैं।

वे तुम्हें थामेंगे...

बस तुम अपने दिल का दरवाज़ा खोल दो।”

श्वेता बाहर निकली|

हवा में हल्की ठंडक थी
और दिल में एक हल्की रोशनी।
कैफे नजरों से ओझल हो गया था|
उसने घर लौटते ही
भाभी को फोन किया और कहा,
"मैं शादी करूँ या नहीं,
मैं अब अपने डर से नहीं,
अपने दिल से ये फैसला करूँगी।
मुझे थोड़ा समय दो...
पहली बार अपने बारे में सोचने का।"
श्वेता की आँखें नम थीं,
पर इस बार उसकी मुस्कुराहट सच्ची थी।
वो जान चुकी थी,
खुशी किसी रिश्ते से नहीं आती...
वह खुद के भीतर जगह देने से आती है।

हीलिंग मंत्र:

मैं नई शुरुआत से नहीं डरती/डरता।
मैं अपने दिल की आवाज़ सुनता/सुनती हूँ
और वही मेरा सच्चा मार्ग है।

आत्म चिंतन:

1. क्या मैं अपने डर को सच समझ रहा/रही हूँ या अपने दिल की आवाज़ को?
2. क्या मेरे निर्णय मेरे लिए हैं या दूसरों को खुश करने के लिए?
3. क्या मैं अपने जीवन को दूसरा मौका देने की हिम्मत रखता/रखती हूँ?

अध्याय 13

पश्चाताप की चाय

“अकेलापन कभी प्यार नहीं ढूँढता; वो बस सुने जाने की इच्छा में भटक जाता है।”

रात के सन्नाटे में शहर की बत्तियाँ टिमटिमा रही थीं।

हर घर में रोशनी थी, पर काजल के दिल में अँधेरा फैला हुआ था।

बिस्तर पर करवटें बदलते हुए वो खुद से पूछती रही,

“मैं कहाँ खो गई?”

कभी उसकी ज़िंदगी रंगों से भरी थी।

वो बातें करती थी, हँसती थी, घर सजाती थी,

हर रिश्ते में दिल लगाती थी।

शादी को दस साल हो चुके थे,

पर अब वो रिश्ता बस ज़िम्मेदारी की एक रेखा रह गया था।

करण, उसका पति - ईमानदार था, शांत था, पर पास होकर भी दूर था।

इतना दूर कि मीरा का अकेलापन अब उसकी परछाई से भी बड़ा हो गया था।

दिन भर घर, बच्चे, काम...

और रात में वही सन्नाटा, जो उसके कानों में गूंजता रहता था।

धीरे-धीरे उस सन्नाटे ने काजल की आत्मा में दरारें डाल दीं।

उसे याद ही नहीं कि आख़िरी बार कब किसी ने उसकी आँखों में देखकर पूछा था,

"तुम ठीक हो, काजल?"

फिर एक दिन अतीत का एक चेहरा लौट आया - केशव।

कॉलेज का पुराना परिचित।

हँसमुख, सहज और सबसे बड़ी बात, ध्यान देने वाला।

उसने पहली ही मुलाकात में पूछा,

तुमने अपनी मुस्कान में कौन-सा दर्द छुपा रखा है?"

वर्षों से किसी ने ऐसा नहीं पूछा था।

वो एक वाक्य काजल के दिल की दीवारें चीर गया।

शुरुआत में वो बातें बस एक राहत थीं,

जैसे किसी ने उसके भीतर की आवाज़ सुन ली हो।

पर फिर मुलाक़ातें बढ़ीं, संदेश आने लगे,

लेकिन एक समय काजल को ये एहसास होने लगा कि ये रास्ता सही नहीं।

पर दिल ने कहा, "बस थोड़ी देर... बस थोड़ा और सुकून..."

लेकिन उस 'थोड़ी देर' ने धीरे-धीरे काजल को ही बदल दिया।

वो झूठ बोलने लगी, छुपने लगी, डरने लगी।

हर कॉल, हर मुलाक़ात अब ग्लानि का बोझ लेकर आती।

और एक दिन जब केशव ने अचानक कहा,

"तुम्हारे बिना अब एक पल मन नहीं लगता, चलो सब छोड़कर कहीं दूर चलते है,"

काजल की आंखों के आगे उसका और करण का परिवार आ गया|

उसको समझ आया —

उसने एक ऐसी दुनिया बसा ली है,

जिसकी खुशियों की नींव किसी के दर्द पर रखी जा रही है|

उस रात उसने आईने में खुद को देखा और ऐसा लगा जैसे उसके अंदर की आत्मा कहीं गुम हो गई हो।

वो रोई... बहुत रोई — बिना आवाज़, बिना शब्दों के।

फिर अगली सुबह, बस यूँ ही, वो घर से निकल पड़ी।

कहाँ जा रही है, क्यों जा रही है, कुछ पता नहीं।

वो चलते-चलते एक पुराने रास्ते पर जा पहुँची,

जहाँ एक अजीब-सी शांति थी।

वहीं उसकी नज़र एक बोर्ड पर पड़ी —

"सेल्फ हीलिंग कैफे"

वो ठिठक गई।

ऐसा नाम उसने पहले कभी नहीं सुना था।

दिल ने कहा, "बस एक बार अंदर जा।"

अंदर हल्की धूप थी, दीवारों पर टंगे छोटे-छोटे पौधे

और हवा में चाय और दालचीनी की खुशबू।

काउंटर के पीछे वही महिला बैठी थीं — जिनके चेहरे पर ऐसा सुकून जो सिर्फ समझने वाले के पास होता है।

महिला ने काजल की आँखों में देखा — जैसे सब कुछ पढ़ लिया हो।

फिर बोलीं, “आज तुम्हारे लिए **‘पश्चाताप की चाय’** बनाते हैं। बहुत थकी लग रही हो|”

कुछ ही देर में कप से उठती भाप उसके सामने थी।

काजल ने पहला घूँट लिया —

और आँसू बह निकले।

उसने खुद को रोके बिना कहा,

“मुझसे बहुत बड़ी गलती हो गई है...

मैंने किसी और से रिश्ता बना लिया...

बस अकेलेपन में, प्यार की तलाश में...

अब मैं खुद से नफ़रत करती हूँ।”

महिला कुछ पल चुप रहीं, फिर बोलीं,

“गलती तब तक ज़हर रहती है,

जब तक तुम उसे स्वीकार नहीं करती।

तुमने उसे मान लिया है —

यही पहला कदम है हीलिंग का।”

काजल ने सिर झुकाकर काँपती हुई आवाज़ में कहा,

“पर मैं खुद को माफ़ नहीं कर पा रही।

हर दिन जब करण को देखती हूँ,

तो दिल में पश्चाताप की आग भड़क उठती है और खुद से शर्म आने लगती है।"

महिला ने उसका हाथ थाम लिया,

"पश्चाताप का मतलब खुद को सज़ा देना नहीं,

बल्कि खुद से ईमानदारी से मिलना है।

तुम अकेली नहीं हो, अक्सर हम इंसान प्यार की कमी को गलती से भरने की कोशिश करते हैं।

पर असली प्रेम बाहर नहीं, वो खुद के अंदर में है।"

काजल के चेहरे पर आँसू मोतियों की तरह चमकने लगे,

पर इस बार उनमें एक हल्की-सी रोशनी थी।

महिला ने कहा, "समाज जिन रिश्तों को स्वीकार नहीं करता,

उनमें मन को स्थायी सुख और सुकून नहीं मिलता, काजल।

आज जब तुमने यह 'पश्चाताप की चाय' पी ली है,

तुम जानती हो कि अब यह गलती दोबारा नहीं दोहरानी है।
अब तुम्हारा दिल सही रास्ता पहचान चुका है।"
याद रखना —
ईश्वर सबसे पहले उन्हें क्षमा करता है
जो खुद को सच्चाई से देख पाते हैं।"
काजल ने धीरे-धीरे दूसरा घूँट लिया —
इस बार स्वाद थोड़ा मीठा लगा।
हर घूँट के साथ उसके भीतर कुछ पिघलने लगा था,
शायद वह पत्थर जो महीनों से दिल पर रखा था।
चाय खत्म होते ही वह उठी, महिला को नमस्ते किया
और दरवाज़े से बाहर आ गई।
आसमान में हल्की सुनहरी धूप थी,
जैसे ईश्वर ने कहा हो, "अब खुद से भागना बंद करो।"
शुक्रिया के भाव से जब उसने पीछे मुड़कर देखा, कैफे वहाँ नहीं था।
वो उसे रास्ता दिखाकर चुपचाप ओझल हो चुका था।
उसने मन ही मन कहा, "हाँ, अब वक्त है सच्चाई से जीने का...
क्योंकि सज़ा नहीं, अब मुक्ति चाहिए।"

हीलिंग मंत्र:

मैं अपनी गलती को स्वीकार करती/करता हूँ
और खुद को माफ़ करती/करता हूँ,
ताकि मैं फिर से प्रेम, सच्चाई और आत्म-सम्मान से जी सकूँ।

आत्म चिंतन:

1. क्या मैंने कभी किसी पल में अपनी आत्मा की आवाज़ को दबाया है?
2. क्या आज मैं अपने अपराधबोध को प्रेम और सच्चाई में बदल सकती/सकता हूँ?
3. क्या मैं खुद से ईमानदारी से मिलने के लिए तैयार हूँ?

अध्याय 14

ममता की हर्बल टी

"मातृत्व: जहाँ प्रेम की शुरुआत भी है और अंत भी।"
– रॉबर्ट ब्राउनिंग

शाम का समय था, चारों ओर सन्नाटा पसरा था और हवा में हल्की ठंड घुली हुई थी।

बाहर नीम के पेड़ से सूखे पत्ते झरते हुए ऐसे गिर रहे थे जैसे समय अपने पन्ने पलट रहा हो।

और अंदर, एक माँ अपने घर की खिड़की से खाली आँगन को देख रही थी, एक ऐसा आँगन जो पहले हँसी, दौड़ते कदमों और खेल की आवाज़ों से भरा रहता था, लेकिन अब उन दिनों की केवल गूँज रह गई थी।

कमरे में सब कुछ व्यवस्थित था —

दीवार पर बच्चों की तस्वीरें, टेबल पर उनके भेजे गिफ़्ट और बिस्तर के पास रखा हुआ वो पुराना मोबाइल, जिसमें हर रात "वीडियो कॉल" पर वही तीन मुस्कुराते चेहरे दिखते थे —

अपने पर बेहद दूर।

माँ — सविता देवी, जिसकी उम्र अस्सी के आसपास।

तीनों बेटे विदेश में बस चुके थे।

सब अपने परिवार, अपनी खुशियों में मग्न।

कहते, “माँ, अब आप भी आ जाइए हमारे पास।”

वो मुस्कुराकर कहतीं, “बेटा, जहाँ मेरी डोली आयी थी, यही इच्छा है कि वहीं से मेरी अर्थी निकले।

और तुम लोगों की बचपन की हँसी अभी भी इन दीवारों में गूँजती है।”

लेकिन सच यह था कि अब उन दीवारों में सिर्फ़ खामोशी गूँजती थी।

सुबहें चुप, दोपहरें लंबी और शामें सवालों से भरी।

वो सोचतीं — “क्यों हर त्योहार अब सिर्फ़ स्क्रीन पर आता है?”

एक दिन शाम को मंदिर से घर लौटते समय

उनकी नज़र एक नए बोर्ड पर पड़ी —

जिसपर सुनहरे अक्षरों में लिखा था — **“सेल्फ हीलिंग कैफे”**

दिल में कुछ खिंचाव-सा महसूस हुआ।

उन्होंने सोचा, “चलो ज़रा बैठते हैं... शायद वहाँ थोड़ा मन बहले।”

अंदर कदम रखते ही मानो सुकून की एक नरम लहर उन पर उतर आई।

दीवारों पर शांत संगीत बह रहा था,

हवा में पुदीना और इलाइची की महक सी थी और पूरे माहौल में एक गहरी आत्मीयता थी।

कैफे में मौजूद महिला ने मुस्कुराकर उन से कहा,

“स्वागत है माँ जी, आज आप क्या महसूस करना चाहेंगी —

सुकून या यादें?”

सविता देवी हल्के से मुस्कुराईं — “यादें ही तो सुकून देती हैं बेटा...

कुछ मीठी, कुछ नम।"

महिला ने उनके सामने एक प्याला रखा —

जिसमें थीं 'ममता की हर्बल टी'।

उन्होंने कप हाथ में लिया और बोलीं, "मेरा नाम सविता है।

तीन बेटे हैं — सब विदेश में।

सब खुश हैं, अपने-अपने घर-परिवार में...

बस मेरा घर अब बहुत शांत हो गया है।"

उन्होंने हल्का-सा ठहाका लगाया —

"कभी-कभी इतनी शांति होती है कि घड़ी की टिक-टिक भी बात करने लगती है।"

उन्होंने धीरे से पहला घूँट लिया।

चाय की गर्मी के साथ जैसे कुछ पुरानी यादें भी पिघलने लगीं —

अमन, आकाश और अंकित की बचपन की हँसी,

रसोई में चलती उनकी बातें,

वो रातें जब सब मिलकर छत पर सोते हुए तारें गिना करते थे।

हर स्मृति जैसे धुएँ की तरह उठकर दिल को भरने लगी।

उन्होंने आँखें बंद कीं और कहा,

“मैंने बच्चों को उड़ना सिखाया...

पर जब वो उड़ गए, तो मन खाली-सा रह गया।

अब हर चीज़ सजी हुई है,

बस ‘आवाज़ें’ नहीं हैं।

कभी-कभी डर लगता है कि कहीं मैं सिर्फ़ याद बनकर न रह जाऊँ।”

उनकी आवाज़ काँपने लगी।

“कभी लगता है, सब ठीक है, उन्होंने अच्छा किया, सफल हो गए।

पर कभी मन कहता है,

क्या माँ का दिल भी कभी बूढ़ा होता है?

हर रात मैं मोबाइल की स्क्रीन पर चेहरों को छूती हूँ

और सोचती हूँ, काश ये हाथों में उतर आते।”

महिला उनके पास बैठ गईं और बहुत कोमलता से बोलीं,

“माँ जी, आप अपने भीतर बहुत कुछ संभाले हुए हैं...

क्या आप इसे थोड़ी देर के लिए रख देना चाहेंगी?”

सविता देवी ने एक लंबी साँस ली।

“बेटा, दर्द तो रहता ही है... लेकिन अब मैंने उसे प्यार में बदलना सीख लिया है।

अब मैं रोज़ अपने पौधों से बातें करती हूँ।
उनमें अपने बच्चों की झलक ढूँढ लेती हूँ —
एक पौधा अमन है, जो तेज़ी से बढ़ता है,
दूसरा आकाश है, जो हर सुबह मुस्कुराता है।
तीसरा अंकित है, जो खूब हरा भरा हो रहा है|
महिला ने धीरे से उनका हाथ पकड़कर कहा,
"माँ जी, जो प्यार आपने दिया,
वो किसी दूरी से बँध नहीं सकता।
आपके बच्चे आपके भीतर हैं —
हर साँस में, हर आशीर्वाद में।"
वो चुप रहीं, पर आँखों में चमक लौट आई।
"सही कहा बेटा, अब समझ में आता है —
प्यार वो नहीं जो पास रहकर जताया जाए,
प्यार वो है जो दूर रहकर भी महसूस हो।"
"दूरी प्रेम को खत्म नहीं करती,
वो उसे गहराई देना सिखाती है।"
चाय खत्म हुई।
उन्होंने कप रखा और कहा,
"धन्यवाद बेटा... यहाँ आकर लगा जैसे किसी ने मेरा दिल सुना।"
फिर मुस्कुराकर बोलीं, "धन्यवाद, सेल्फ हीलिंग कैफे...
आज मैंने अपने अकेलेपन में भी प्यार देख लिया।"

महिला ने कहा, “माँ, आपका दिल तो खुद एक कैफे है —

जहाँ हर बच्चा बिना बुलाए लौट आता है,

कभी याद बनकर,

कभी आवाज़ बनकर,

कभी बस एक एहसास बनकर।”

बाहर निकलते हुए उनके चेहरे पर एक शांत, आत्मीय मुस्कान थी। वो खुद से बोलती रहीं,

“अब जब बच्चे फोन करेंगे, तो मैं शिकायत नहीं करूँगी।

कहूँगी, मैं ठीक हूँ,

क्योंकि अब मुझे अपने भीतर ही उनकी मौजूदगी दिखती है।”

बाहर एक हल्की-सी हवा उनके चेहरे पर आकर लिपट गई,

जैसे प्रकृति भी उनके आँसुओं को सहला रही हो।

कार में बैठते हुए वो फुसफुसाईं, “अब मुझे डर नहीं...

क्योंकि मैंने दूरी को दंड नहीं, प्रेम की परीक्षा मान लिया है।”

कार आगे बढ़ गई और कैफे...पहले की तरह फिर कहीं नहीं था —

लेकिन इस बार, वो माँ के भीतर रह गया था।

हीलिंग मंत्र:

दूरी रिश्तों को नहीं तोड़ती,

बस प्रेम का रूप बदल देती है।

मैं हर दूरी में भी अपनापन ढूँढती/ढूंढता हूँ,

क्योंकि प्रेम की डोर सदा मेरे हृदय में बसी है।

आत्मचिंतन:

1. क्या मैंने कभी दूरी को दर्द की तरह महसूस किया, जबकि वो प्रेम का विस्तार था?
2. क्या मैं अपने प्रियजनों को आज़ादी से प्रेम करने दे पा रहा/रही हूँ?
3. क्या मैं अपने भीतर उस शांति को पहचान पा रहा/रही हूँ, जो सच्चे मातृत्व का आधार है?

अध्याय 15

सम्मान की चाय

"लोकप्रियता से बढ़कर अगर कुछ है, तो वो है सम्मान।"
– जूलियस एर्विंग

शाम का धुंधलापन धीरे-धीरे पूरे शहर पर उतर रहा था।

गली के लैंपपोस्ट अभी-अभी जले थे और बूढ़े गोविंद बाबू अपने मोहल्ले के कोने की पुरानी बेंच पर बैठे थे —

हाथों में छड़ी, आँखों में नमी और दिल में बहुत-सी अनकही, अधूरी बातें।

वो उन लोगों में से थे जिनकी जवानी पूरी तरह परिवार के लिए समर्पित रही।

सरकारी नौकरी में रहते हुए उन्होंने तनख्वाह का हर हिस्सा घर के सपनों पर खर्च किया -

बेटे को इंजीनियर बनाया, बेटी की शादी की और रिटायरमेंट के बाद उम्मीद थी कि अब वो चैन से रहेंगे, थोड़ा प्यार मिलेगा, थोड़ी संगत मिलेगी।

पर ज़िंदगी ने जैसे करवट ही बदल ली थी।

जीवनसंगिनी बीच राह में ही साथ छोड़ कर चली गई|

और घर... अब "घर" नहीं रहा था,

वो बस एक "कमरा" रह गया था,

जहाँ उनका बिस्तर, एक पुराना रेडियो और कुछ दवाइयाँ रखी थीं।

सुबह बहू दरवाज़े के बाहर चाय रख जाती, बेटा जल्दी में ऑफिस चला जाता और पोते को कोई काम कहते,

तो कहता, "दादू, अभी नहीं, बाद में।"

कभी किसी ने पूछा तक नहीं कि "पापा, आप ठीक हैं?"

घर में अब उनकी बात कोई नहीं सुनता था।

पोते को उनकी कहानियाँ बोरिंग लगतीं,

बेटा हमेशा ऑफिस के तनाव में

और बहू के लिए वो बस "पुरानी सोच वाले" बाबूजी थे।

कभी वो घर का स्तंभ थे —

हर फ़ैसला उन्हीं की राय से होता था।

पर अब, खाना भी कमरे में अकेले आता था।

बातें भी बस "हाँ-पापा" और "ठीक है" तक सिमट गई थीं।

उनके भीतर एक अनकहा दर्द पलने लगा था,

"क्या उम्र के साथ इंसान का सम्मान भी बूढ़ा हो जाता है?"

धीरे-धीरे गोविंद बाबू ने बोलना ही छोड़ दिया।

कभी अख़बार पढ़ते हुए कोई बात कह भी देते,

तो बहू कहती, "आपको अब तक पुराना जमाना याद है,

आजकल सब बदल गया है, बाबूजी।"

उनके दिल में एक गहरी चुप्पी बस गई थी।

एक शाम वो घर से निकले,

ना कोई राह थी, ना कोई मंज़िल।

बस दिल बोझ से भरा था और वो बोझ बाँटने के लिए

कोई जगह खोज रहे थे।

हवा में हल्की ठंडक थी

और दूर से चाय की भाप की ख़ुशबू आ रही थी।

वो उसी दिशा में बढ़े

और तभी उनकी नज़र पड़ी एक बोर्ड पर पड़ी — **"सेल्फ हीलिंग कैफे"**

वो पहले तो चौंके।

सोचा, "अब ये क्या है?"

पर भीतर कुछ खिंचाव-सा हुआ।

वो दरवाज़ा खोलकर अंदर गए।

अंदर की रोशनी कोमल थी,

संगीत बहुत धीमा, जैसे किसी ने आत्मा को थपकी दी हो।

काउंटर पर बैठी महिला ने उनकी ओर देखकर मुस्कुराया,

जिनकी आँखों में हमेशा की तरह अपनापन झलक रहा था।

"आइए, बैठिए बाबा...

आज आपके लिए ऐसी चाय बनेगी,

जो आपके दिल का बोझ हल्का कर देगी - **'सम्मान की चाय'**।"

उन्होंने गोविंद बाबू को खिड़की के पास वाली मेज़ पर बिठाया।

थोड़ी देर में चाय आ गई —

साफ़ मिट्टी के कप में, ऊपर से तुलसी की पत्तियाँ तैर रही थीं

और भाप के साथ एक सुगंध जैसे बचपन की याद दिला रही थी।

गोविंद बाबू ने पहला घूँट लिया... और भीतर कुछ टूटकर पिघलने लगा।

उन्हें याद आया —

कैसे बचपन में उनके पिता ने उन्हें डाँटते हुए कहा था —

"मर्द को रोना नहीं चाहिए।"

और आज उम्र के इस मोड़ पर भी वो उसी वाक्य के बोझ तले दबे थे — ना दर्द बाँट सकते थे, ना प्यार माँग सकते थे।

उन्होंने धीरे से कहा, "बेटी, पता है, मैंने अपनी पूरी ज़िंदगी परिवार के लिए लगा दी।

कभी बेटे के सपने सँवारे, कभी बहू को घर जैसा माहौल दिया...

पर अब लगता है मैं बोझ बन गया हूँ।

कभी मेरी राय मायने रखती थी, अब मेरी मौजूदगी भी नहीं रखती।"

महिला ने ध्यान से सुना।

फिर बहुत शांत स्वर में बोलीं, "बाबा, उम्र इज़्ज़त को नहीं घटाती...

बस हमारे शब्दों का स्वर बदल जाता है।

कभी आपने अपने बेटे की थकान समझी है?

कभी उससे कहा, 'बेटा, मैं तुम पर गर्व करता हूँ|'

कभी बहू से कहा, 'तुम मेरी बेटी जैसी हो।'

कभी पोते से कहा, 'मुझे सिखाओ, ये मोबाइल कैसे चलता है।'

आपके शब्द ही वो पुल हैं जो सम्मान के बीच की दूरी को जोड़ सकते हैं।"

महिला मुस्कुराईं, "सम्मान की जड़ हमेशा 'प्रेम' से ही पनपती है, बाबा।

कभी कोशिश कीजिए —

घर पहुँचकर सबसे बस एक बात कहिए —

'तुम सब मेरे जीवन की सबसे बड़ी कमाई हो।'

देखिएगा, आपके बेटे-बहू की आँखों में क्या बदलता है।"

महिला ने मुस्कुराते हुए कहा,

"सम्मान माँगने से नहीं, महसूस कराने से मिलता है, बाबा।

कभी अपने बच्चों से गिले की जगह कहिए —

'मैं तुम सबपर गर्व महसूस करता हूँ।'

कभी पोते से कहिए, 'आज मुझे सिखाओ, ये गेम कैसे खेलते हैं?

उससे पूछिए, 'तुम्हारा बेस्ट फ्रेंड कौन है?'

कभी बहू से कहिए, 'तुम आज बहुत सुंदर लग रही हो, बेटी।'

आपके शब्द ही वो बीज हैं जो सम्मान का पेड़ फिर से उगा देंगे।"

गोविंद बाबू की आँखें भर आईं।

"मैंने हमेशा उनसे उम्मीद की कि वो मेरा सम्मान करें,

पर शायद मैंने कभी उनसे प्यार जताया ही नहीं।"

गोविंद बाबू ने कप का आख़िरी घूँट लिया।

वो चाय अब सिर्फ़ स्वाद नहीं थी —

वो जैसे एक अनुभव बन गई थी, जिसने उनके भीतर के मौन को तोड़ दिया था।

वो उठे, महिला ने धीरे से कहा — "याद रखिए, सम्मान मिलने की चीज़ नहीं, महसूस कराने की कला है।"

गोविंद बाबू बाहर निकले।

बारिश रुक चुकी थी, पर उनके भीतर कुछ नर्म-सा बह रहा था,

जैसे पुरानी शिकायतें अब धीरे-धीरे घुल रही हों।

पीछे मुड़कर देखा — सेल्फ हीलिंग कैफे वहाँ नहीं था।

पर उनके भीतर सम्मान को पाने का एक नया दरवाज़ा खुल चुका था।

हीलिंग मंत्र:

मैं अपने भीतर सम्मान और शांति का स्त्रोत हूँ।

मैं शिकायत नहीं, संवाद चुनता/चुनती हूँ।

मैं अपने परिवार में प्रेम बाँटता/बाँटती हूँ, जिससे सम्मान स्वतः लौट आता है।

आत्म चिंतन:

1. क्या मैं सम्मान पाने की उम्मीद रखने से पहले उसे बाँटने की कोशिश करता/करती हूँ?
2. क्या मैंने अपने प्रियजनों की थकान, उनकी ज़रूरतें समझने की कोशिश की है?
3. क्या मैं अपने भीतर वो प्रेम जगाने को तैयार हूँ जो रिश्तों को फिर से जोड़ सकता है?
4. क्या मैं आज अपने घर में संवाद का एक नया पुल बना सकता/सकती हूँ?

अध्याय 16

अंतिम समय की चाय

> *“अंतिम समय में सबसे भारी बोझ अधूरे काम नहीं होते, अधूरे भाव होते हैं।”*

अमर की उम्र पचपन साल थी।

एक ऐसा व्यक्ति जिसने अपना पूरा जीवन दूसरों के लिए जिया था,

दूसरों की मदद, समाज सेवा, नैतिक मूल्यों का पालन और परिवार को हमेशा प्राथमिकता देना।

एक आदर्श बेटा, आदर्श भाई, आदर्श पति और हर मायने में एक आदर्श पिता।

लेकिन नियति को शायद कुछ और ही मंज़ूर था।

एक दिन डॉक्टर्स ने उसे बताया,

“अमर जी... अब हमारे पास आपकी बीमारी का कोई इलाज़ नहीं है। आपके पास शायद अब केवल कुछ ही महीने बचे हैं।”

ये सुनते ही मानो उसके पैरों के नीचे से ज़मीन खिसक गई।

वो कमरे में अकेला बैठा, दीवारों को ताकता रहा।

कई रातों तक सो नहीं पाया।

मन में हज़ार सवाल थे —

"मै ही क्यूँ? मैंने तो किसी का बुरा नहीं किया...

मुझे अभी बहुत कुछ करना था...

मुझे अभी अपने बेटे की शादी देखनी थी...

अब तो पूरे जीवन के संघर्षों का फल मिलना था,

आराम के दिन आने वाले थे।"

एक दिन सहसा, बिना किसी को बताये, वो अपनी कार लेकर निकल पड़ा।

कहाँ जाना है, यह भी मालूम नहीं था।

अचानक ब्रेक लगा।

सामने लकड़ी का पुराना-सा दरवाज़ा था... **"सेल्फ हीलिंग कैफे"**

उसके कदम दरवाज़े की ओर बढ़ गए।

अन्दर सितार का वादन मन के तारों को झंझोरने लगा।

महिला ने उसे प्यार से बैठाया और एक प्याली चाय दी —

'अदरक तुलसी और शहद वाली अंतिम समय की चाय'।

फिर मुस्कुराकर बोलीं, "अमर जी, जैसे ये चाय ठंड में भी शरीर को गरमी दे देती है,

वैसे ही जीवन का अंतिम पड़ाव भी गरम चाय की तरह हल्का और मीठा हो सकता है।"

इस जीवन में कुछ भी स्थायी नहीं है —

ना दुःख, ना सुख और ना ही हमारा शरीर।

स्थायी है तो बस... स्मृति, प्रेम और विरासत।

जब जीवन पूरा हो जाए,

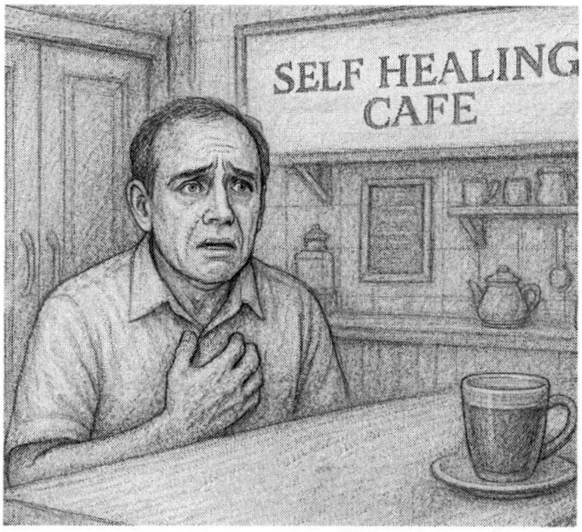

तो उसे भी गरम चाय की तरह स्वीकार करें —

हल्की मिठास, हल्की गर्मी और बहुत सारी गरिमा के साथ।

आख़िरकार, हम सभी इस जीवन रूपी कैफे में

सिर्फ एक प्याली गरम चाय पीने ही तो आए हैं।"

अमर इतने समय में पहली बार सहज हुआ।

चाय के हर घूँट के साथ उसने अपने जीवन के सबसे कठिन सच को स्वीकारना शुरू किया –

"मैं जा रहा हूँ|"

उसने खिड़की से बाहर आसमान की ओर देखा और मन ही मन कहा -

"शायद मेरा समय पूरा हो रहा है...

लेकिन मैं इस अंतिम यात्रा को भी गरिमा के साथ पूरा करूँगा।

मैं जाने से पहले हर उस इंसान को धन्यवाद कहूँगा,

जिसने मेरी जिंदगी को खूबसूरत बनाया।

मै माफ़ी माँगूगा -

अपने माता-पिता से कि मैं उनकी और सेवा नहीं कर पाया|

बहन से कि राखी का बंधन इतना ही निभा पाया|

अपनी पत्नी से उन बातों के लिए, जो कभी कह नहीं सका,

जिन इच्छाओं को पूरी नहीं कर पाया।

मैं जाने से पहले अपने बेटे को गले लगाऊँगा।"

अमर अब उदास चेहरों के बीच विदा नहीं लेना चाहता था|

वो चाहता था कि जब वो जाए तो उसके आसपास शांति और प्रेम हो|

सेल्फ हीलिंग कैफे अब उसके अंदर बस चुका था|

अब अपने बचे हुए जीवन को जीने का उसका नज़रिया ही बदल गया था|

कैफे से बाहर निकलते ही उसने किया भी वही।

रिश्तेदारों से बात की।

अपने सभी दोस्तों को बुलाया।

बेटे की झटपट शादी की|

एक छोटी-सी पार्टी दी,

जहाँ आँसू नहीं, बस हँसी और यादें थीं।

अस्पताल के बिस्तर पर अंतिम दिन उसने अपनी डायरी खोली और लिखा: "जिंदगी एक टी-बैग जैसी थी...

धीरे-धीरे पानी में अपना रंग छोड़ती हुई,

और अंत में पूरा स्वाद देकर चली गई।

मैं जा रहा हूँ...

लेकिन कृतज्ञता, प्रेम और संतोष के साथ।

हीलिंग मंत्र:

मैं अंत समय में भी जीवन को प्रेम और गरिमा के साथ स्वीकार करूँगा/करुँगी।

मैं अपने अंतिम पलों को कृतज्ञता से भर दूंगा/दूँगी।

मैं जानता/जानती हूँ कि हर अंत भी एक नई शुरुआत है।

आत्म चिंतन:

1. क्या मैंने आज उन लोगों को माफ किया, जिन्हें करना चाहिए था?
2. क्या मैंने कभी अपने प्रियजनों से खुलकर कहा कि मैं उनसे कितना प्रेम करता/करती हूँ?
3. क्या मैं जाने से पहले, खुद को गले लगाकर विदा ले सकता/सकती हूँ?
4. क्या मैं जीवन को ऐसे जी रहा/रही हूँ कि मेरा अंतिम पल शांति और प्रेम में बीते?

| अध्याय 17 |

अपने भीतर के हीलर से मिलना

> *"हीलिंग का मतलब खुद को ठीक करना नहीं...*
> *खुद से मिलना है।"*

रात गहराती जा रही थी।

कैफे की खिड़कियों पर ओस चमक रही थी

और भीतर हल्की-सी चाय की ख़ुशबू अब भी ठहरी हुई थी।

हर कोने में जैसे किसी की कहानी की झंकार थी —

कहीं किसी का दर्द शांत हुआ था,

कहीं किसी का बोझ हल्का हुआ था,

कहीं किसी की आत्मा ने खुद को माफ़ कर दिया था।

मैं खामोश बैठी थी,

कितने चेहरे मेरी आँखों के सामने से गुज़रे —

वो युवती जो अपनी तुलना में खो गई थी, वो माँ जो दूरी में भी अपनापन ढूँढ रही थी, वो पिता जो सम्मान ढूंढ रहा था

और वो बेटा जो अब भी अपने पिता को माफ़ नहीं कर पाया था।

हर आत्मा यहाँ आई थी टूटी हुई

और लौटी थी, थोड़ी-सी ठीक होकर —

जैसे किसी ने भीतर कुछ बहुत गहरा छू लिया हो।

तभी दरवाज़े के पास हल्की-सी आहट हुई।

मैंने नज़र उठाई — वो वही महिला थीं,

जो हर बार किसी न किसी रूप में इन कहानियों में आई थीं —

कभी एक मुस्कुराती मेज़बान बनकर,

कभी चाय की प्याली थमाने वाली हाथ बनकर,

कभी एक मधुर आवाज़ बनकर जो बस कहती थीं — “तुम समर्थ हो...”

वो धीरे-धीरे मेरे पास आईं।

उसकी आँखों में वही पुरानी करुणा, वही नर्म उजाला।

मैंने पूछा, “आप कौन हैं?”

वो मुस्कुराईं — “मैं वही हूँ,

जो हर उस दिल में थी जहाँ थोड़ी रोशनी की गुंजाइश बची थी।

मैं तुम्हारा ही एक अंश हूँ —

तुम्हारे भीतर की हीलर।”

मैं सन्न रह गई।

कैफे में एक पवित्र मौन उतर आया।

उन्होंने आगे बढ़कर कहा, “अब तुम्हारे भीतर एक कैफे बस गया है,

अब तुम्हें बाहर जाने की ज़रूरत नहीं होगी।

जब भी जीवन थका देगा, बस आँखें बंद करना और अपने भीतर लौट आना।

वही चाय, वही सुकून, वही अपनापन तुम्हें फिर से मिल जाएगा।”

मैंने आँखें बंद कीं —

और सचमुच, उस क्षण भीतर जैसे एक पूरा कैफे नजर आने लगा।

वही ख़ुशबू, वही गर्म प्याली, वही मधुर आवाज़ —

और वो महिला... धीरे-धीरे प्रकाश बनकर ओझल हो गईं

अब वो बाहर नहीं थीं वो मेरे भीतर बस चुकी थीं,

वो आत्मा जो सबको सुनती है, समझती है, संजोती है।

अब मैं जानती थी — सेल्फ हीलिंग कैफे कोई जगह नहीं,

वो एक अनुभव है जो हर आत्मा में छुपा है।

हीलिंग मंत्र:

मैं अपने भीतर के हीलर से मिल चुकी/चुका हूँ।

अब मैं हर दर्द को प्रेम में बदलने की क्षमता रखती/रखता हूँ।

आत्म चिंतन:

1. क्या मैं अपने भीतर की आवाज़ को सुनने के लिए ठहरती/ठहरता हूँ?
2. क्या मैं अपने अनुभवों से सीख रही/रहा हूँ या अब भी किसी और से उत्तर ढूँढ रही/रहा हूँ?
3. क्या आज मैं खुद का हीलर बनने को तैयार हूँ?

| समापन संदेश |

सेल्फ हीलिंग कैफे से विदा लेने से पहले

प्रिय पाठक,

आज जब आप इस किताब के अंतिम पन्ने तक पहुँचे हो, मैं चाहती हूँ कि आप ज़रा रुक जाओ... अपनी आँखें बंद करो... और एक बार फिर उन सभी कहानियों को अपने मन में दोहरा लो।

कभी किसी को छोड़ना पड़ा, कभी किसी को माफ़ करना पड़ा।

कहीं भीतर टूटा विश्वास फिर से जुड़ता दिखा।

कभी मुरझाए सपने फ़िर से खिले|

ये कैफे कोई जगह नहीं थी,

ये हर उस दिल का कोना था,

जहाँ दर्द चुपचाप बैठा था और उम्मीद धीरे-धीरे पास आकर कहती थी,

"चलो, एक कप चाय पीते हैं... और दिल का बोझ हल्का करते हैं।"

हर अध्याय में आपने किसी न किसी के संघर्ष को पढ़ा,

लेकिन असल में वो हर कहानी आपकी भी हो सकती थी।

क्योंकि हम सभी कभी-न-कभी, किसी मोड़ पर वही दर्द महसूस करते हैं।

कभी हमें अपनी कमी सताती है,

कभी तुलना का ज़हर,

कभी अकेलापन,

कभी अपराधबोध,

कभी टूटे सपनों का दर्द,

कभी रिश्तों की चुप्पी,

कभी आत्मा की थकान।

पर याद रखिए — हर अधूरेपन में भी एक सुंदरता होती है।

जैसे आधा चाँद भी खूबसूरत होता है।

सेल्फ हीलिंग कैफे यही सिखाता है —

कि चाहे जितनी भी गहरी दरारें क्यों न हों,

चाहे कितना भी घना अंधेरा क्यों न हो,

अंत में हर आत्मा को बस एक ही चीज़ चाहिए —

स्वीकार, क्षमा, कृतज्ञता और प्रेम।

तो अब जब आप इस किताब को बंद करोगे,

तो एक वादा करिए —

कि आप अपने भीतर के उस छोटे से कैफे को हमेशा याद रखेंगे,

जहाँ आप कभी भी बैठ सकते हो...

खुद से बातें कर सकते हो...

माफ़ी मांग सकते हो...

माफ़ कर सकते हो...

और अपनी आत्मा को फिर से गरम चाय की तरह सुकून दे सकते हो।

क्योंकि अंत में —

हम सभी बस मुसाफिर हैं,

थोड़ी देर रुकेंगे,

थोड़ा सुकून पाएंगे,

थोड़ा खुद को समझेंगे...

और फिर आगे बढ़ जाएंगे।

आपका हमसफ़र,

सेल्फ हीलिंग कैफे

मेरी ओर से एक छोटा-सा धन्यवाद

इस किताब के अंतिम पन्ने तक साथ चलने के लिए **दिल से आपका धन्यवाद**। आपने अपनी ज़िंदगी के कुछ अनमोल पल इस पुस्तक को दिए, यह मेरे लिए सिर्फ़ सम्मान नहीं, एक गहरी कृतज्ञता है।

अगर इस किताब की कोई भी कहानी आपके दिल के किसी हिस्से को छू गई हो, अगर किसी चाय ने आपके भीतर कोई सवाल जगा दिया हो, या किसी पन्ने ने आपको थोड़ी-सी राहत दी हो... तो मुझे जानने में ख़ुशी होगी।

आपकी प्रतिक्रिया, आपका अनुभव, आपकी कहानी, मेरे लिए एक बेशकीमती उपहार होगा।

अगर आपने किसी अध्याय से जुड़ाव महसूस किया हो,
कुछ कहना चाहते हैं,

कोई सुझाव देना चाहते हैं या बस दिल की कोई बात साझा करना चाहते हैं,

तो बेहिचक मुझे ईमेल कीजिए।
ई-मेल आईडी: hinalkhubchandani@gmail.com

आपके संदेश का, आपकी आवाज़ का मुझे इंतज़ार रहेगा।

रजनी हिनल खुबचंदानी